日本の敵

よみがえる民族主義に備えよ

宮家邦彦

文春新書

1033

日本の敵——よみがえる民族主義に備えよ・目次

はじめに

第二次大戦の敗戦から七十年経った。

その間、海外では冷戦、ポスト冷戦と波風の立たない日はなかったが、日本は幸いにも平和に恵まれた。しかし、ここ数年、海外ではとてつもない大波がうねり始めている。

その大波の正体とは何か、原因はどこにあるのか、大国間の新たな対立・競争は不可避なのか、仮に不可避ならば、日本はその激流を如何にして生き延びるのか。そして、日本の真の敵は何なのか。その答えを模索するのが本書の目的だ。

敢えて「敗戦」と書いたのは、一九四五年八月が無機質な「終戦」ではなく、勝算もなく始めた戦争の惨めな「敗北」だったことを再認識するためだ。当時の日本に真の戦略思考家はいなかった。理由は国家間の戦略的対立の中長期的趨勢を、軍事以外の人口、統計、経済学なども踏まえて総合評価し、それを政策に反映するシステムが欠落していたからだ。

米国防総省にネットアセスメント室（ONA）という部局がある。つい最近までその室長は今年九十四歳になる米国随一の戦略思考家アンドリュー・マーシャルだった。マーシャルは一九七三年以来足かけ四十三年間、米国の脅威となり得る外国との戦略的対立・競争の長期的趨勢につき、軍事に限らず、総合的な視点から正確な分析・評価を歴代の国防長官に提供してきた。

ネットアセスメント（総合戦略評価）を世に知らしめたのは冷戦時代のソ連の経済力に関する評価だ。当時ＣＩＡは一貫してソ連の経済力を過大評価していた。マーシャルは早くから統計学、経済学等を駆使してソ連経済の脆弱性を主張し続けた。彼の分析の正確さは一九九一年のソ連崩壊により証明された。ソ連はマーシャルのネットアセスメントに敗れたといっても過言ではない。

中国にとっての「満州事変」が進行中

冷戦終了後、マーシャルの関心は中国に移っていく。早くも一九九七年、ＯＮＡは「中国が中長期的に強大化し、米国にとって脅威となり得る」と評価していた。マーシャルは人民解放軍の軍事的評価だけでなく、「孫子の兵法」から中国経済、社会や人口の動向にまで調査対象を広げた。ソ連の場合と同様、彼の中国に関する分析は極めて正確だった。

その結果が最近の南シナ海での米中のせめぎ合いだ。スプラトリー（南沙）諸島に巨大な人工島を作ることで、中国人民解放軍は米海軍という虎の尾を踏んでしまった。誤解を恐れずに敢えて言おう。南シナ海で今起きていることは、中国にとって「満州事変」となる可能性がある。最近の米中関係の悪化はそれほど深刻なのだ。

全ての始まりは二〇一五年五月十三日付「ウォール・ストリート・ジャーナル」だった。同紙はアシュトン・カーター国防長官が、スプラトリー諸島で中国が埋め立てを行い領有権を主張する人工島の十二カイリ以内に艦船や偵察機などを投入することを検討するよう関係部局に指示したと報じた。これが米国防総省による意図的情報リークであることは明らかだ。

同日開かれた上院外交委員会の公聴会でダニエル・ラッセル国務次官補とデビッド・シア国防次官補は、「岩礁の上にいくら砂を積もうとも、領有権は強化されない、主権を築くことはできない」、「我々は中国の行動のペースや性格が潜在的に地域の安全を崩壊させかねないと懸念している」と証言した。いずれも米政府高官がこれまでにない強い表現で中国を牽制したものだ。

三日後の五月十六日、訪中したジョン・ケリー国務長官は中国の王毅・外交部長との共同記者会見で、「米国は中国による埋め立てのペースと規模を懸念している。中国に緊張緩和のため行動を取るよう求める」と公式に述べた。北京での会談中、ケリー長官は中国側に対しより強い表現で「埋め立て」の即時中止を迫ったはずだ。

これに対する中国側の反応は実に素っ気ない。王毅・外交部長は「南沙諸島での建設は中国の主権の範囲内だ」と事実上のゼロ回答。范長竜・中央軍事委員会副主席に至っては、「米国は領土問題で中立な立場を取ることを約束したはず。言動を慎むべきだ。中米関係と南シナ海の安定に資することをしてほしい」などと米側要請を完全に無視している。

十七日ケリー長官と会見した習近平・国家主席も同様だった。米中関係は「全体的に安定している。新型大国関係は所期の成果を得ている。意見の食い違いを適切に処理し、両国関係の大局が妨害されるのを回避すべきだ。広々とした太平洋は中国とアメリカという二つの大国を収めるに十分な空間がある」と述べただけ。これでは米中の溝は埋まらない。

米中チキンゲームの始まり

案の定、米国の堪忍袋の緒は切れた。五月二十日、CNN記者が搭乗する米海軍偵察機

P8Aポセイドンが人工島付近を飛行し、米側が中国の領有権主張を認めないとの明確なメッセージを送った。これに対し、中国海軍は無線で米偵察機に対し「誤解を避けるため」即時退去するよう繰り返し警告を発した。中国側も一歩も引かない構えだ。

五月三十日に開かれたシャングリラ会合（第十四回アジア安全保障会議）でカーター国防長官は中国だけが「南シナ海で……いかなる国をも大きく上回る規模と速さで埋め立てを進めている」として人工島建設の即時中止を求めた。これに対し、翌三十一日、中国人民解放軍の孫建国・副総参謀長は人工島建設を「中国の主権の範囲内で、合法で正当かつ合理的な活動だ」と反論している。

更に、同副総参謀長は埋め立ての目的が「軍事、防衛上のニーズ」を含むとも述べた。米国の公の場での中止要請を公然と拒否する人民解放軍の姿にこれまでとは質的に異なる強い意志が感じられた。中国側はいずれここにレーダーや艦船、航空機、ミサイルなどを配備していくはずだ。人工島をめぐる米中の鞘当てについては後ほど詳しく触れたい。

重要なことは、これが事実上米中チキンゲームの始まり、ということだ。歴史上、経済パワーを得た大国は、政治的覇権を目指し、既存の大国に武力で挑戦する傾向があるといわれてきた。戦後の日本は例外だったが、中国は見事にこれに該当する。米中間の将来の

対立・競争に関する筆者の疑問は尽きないが、ここで思い付くまま挙げてみよう。例えば、

●なぜ中国は南シナ海での勢力拡大をかくも急ぐのか。中国は長年の軍備拡大を背景に自国の力を過信し始め、最終的に力による現状変更を画策しているのか。

●それとも、将来の関係諸国との話し合いによる解決を前提に、現時点で「既成事実」を積み重ねようとしているだけなのか。

●もし、前者であれば、中国は西太平洋での米国の覇権に挑戦し、力で現状を変更しようとした一九三〇年代の日本と同じ過ちを繰り返しているのではないか。

●近い将来、米中開戦の可能性はあるのか。中国が米国に「追い付いた」と考えた瞬間、誤算や誤解に基づき米中間で戦いの火蓋が切られる可能性はないのか。

●中国人民解放軍は将来、軍事的に米軍を凌駕できると思っているのか。それとも、軍事的に米国には敵わないので、あくまで「戦わずして勝つ」戦略を維持するのか。

●中国のシビリアンコントロールは機能しているのか。共産党の軍隊である人民解放軍に戦前の日本のような「統帥権独立」の問題はないのか。

●現在の中国の人口や成長の動向に鑑みれば、今後中国経済は米国との軍事・政治的対

立・競争を支え続けることができるのか。

●そもそも、中国はどこまで肥大化するのか。どうすればその拡張主義的野望を抑止できるのか、等々……この種の疑問は無限に続くだろう。

いずれも直感や思い付きだけでは答えられない。現代中国という巨大な政治・軍事・経済・歴史・社会的存在の長期的趨勢の評価など軍事分析だけでは到底不十分だからだ。今日の中国には歴史、地政、経済、更には人口、統計等の専門知識を駆使しその趨勢を戦略的、総合的に評価するマーシャル流の総合戦略評価が不可欠だと筆者は確信している。

好むと好まざるとに関わらず、今後十〜三十年間、日本はこの問題に悩まされ続けるだろう。八十年前とは異なり、高齢化が進み成熟しつつある現代日本社会は、中国の台頭という東アジアの巨大な変化を如何に受け止めるべきか。子や孫など若い世代の将来を憂う全ての日本国民は、この問題を真剣に考え、責任ある答えを出す必要がある。

冒頭述べたとおり、本書の目的はこれから数十年後の東アジアで日本の生き残りの可能性を探ることだ。そのため本書はまず現在日本を取り巻く巨大なうねりの本質とその原因の解明を試みている。

第一章では現在欧州の陸上で起きているロシアによる現状変更の試み、特にウラジーミル・プーチン大統領のクリミア併合断行に至った理由を詳しく検証する。

続く第二章では、現在中東レバント地域で起きつつあるＩＳ（「イスラム国」）台頭の原因を検証する。過激なイスラム主義に基づくＩＳ運動は、欧州での民族主義・帝国主義の復活とは異なるのか、中東特有の現象か否かに焦点を当てる。

第三章では、中国・日米間の軍事対立・競争の長期的趨勢を評価するためにネットアセスメントという新たな分析手法を提案するとともに、なぜ日本人がこうした総合戦略評価の手法を学ぶ必要があるかを明らかにする。

続く第四章ではネットアセスメント分析手法を中国に応用することを試みる。幸い最近出版されたマーシャルの伝記には幾つか重要なヒントがある。中国に限定すれば、日本でもある程度レベルの高い総合戦略評価は可能と筆者が考える理由を説明する。

第五章では、冒頭述べた東アジア地域、特にその海上における中国台頭の問題点を取り上げる。中国が二十一世紀に入り、特に自己主張を強めつつある理由は何か、それがロシアの行動と如何に違うのかを検証していく。

第六章では、こうした旧世界の復古的民族主義の対極にある米国、特にその影響力低下の可能性について検証する。オバマ政権下で米国の凋落は最早不可避なのか。それとも、米国は再び復活するのか。民族主義という切り口から米国の国力の本質に迫っていく。

第七章では、中国の隣国として中国の安全保障に重大な影響を与え得る朝鮮半島を取り上げる。韓国、もしくは統一後の朝鮮半島はどこへ行くのか。日米韓の同盟関係は今後とも維持されるのか、それとも朝鮮半島は日清戦争以前の「小中華」に先祖返りするのかを検証する。

第八章では、中国の安全保障にとりもう一つのアキレス腱となり得る中央アジアに焦点を当てる。特に、中露の緩衝地帯である中央アジアと新疆ウイグル自治区の不安定化が米中競争の長期的趨勢に及ぼす可能性について考えたい。

最後に、終章ではこれらの分析を踏まえて日本という国家の生き残りを考える。本書の仮説である醜悪な「新民族主義」時代の到来が不可避であれば、日本が取るべき戦略は何か。そこで筆者は「保守の進化」という概念を提示しつつ、日本の進むべき方向性を見極める。

本書で筆者が一貫して模索しているのは、日本がいかにして来たるべき困難な時代を生き残るのか、ということだ。それにはまず、己れの「敵」が何であるかを知らなくてはならない。終章で詳しく述べるが、「生き残り」において最も大切なのは、常に「勝ち組に残る」、「勝ち馬に乗る」ことだ。では、何が「勝ち組」で、何が「勝ち馬」なのか？　状況判断を誤ることは、国家の「死」に直結する。日本はサバイバルに向けた戦略を正しく組み立て、それを実行しなければならない。

本書の構成は以上の通りだ。本文中に事実関係の誤りや稚拙な分析があれば、それは全て筆者の責任である。本書により、読者の皆様の知的好奇心を刺激し、超成熟社会となりつつある日本が、国家として国際社会の大波に負けない正しい情勢判断と適切な意思決定を行うため、少しでも知的貢献ができれば望外の幸せである。

第一章　帰って来たロシアの熊

二十四年前のエッセイ

まずは以下の駄文をお読み頂きたい。本書を書くため本棚の古い資料を整理中に偶然再発見した。筆者が外務省北米局時代の一九九一年八月に執筆したものだ。表題こそ陳腐だが、二十四年前三十七歳の若い外務事務官が書いたエッセイにしては悪くない。今読み返してみても、決して的外れではないと思うのだが如何だろうか。

「これからの日本を考える十一のポイント」

一九九一年八月
宮家邦彦

最近背筋が「ゾッ」とするような出来事が頻発しています。ベルリンの壁が崩れた後のソ連・東欧の情勢は、過去半世紀の「民族の怨念」を一度に晴らすかのようなスピードで変動しつつあります。特に、東欧諸国からまず消え始めた共産党が、八月のお粗末なクーデター騒ぎを経て、これほど早くソ連邦からも（少なくとも形の上では）消えることになるとはゴルバチョフ自身も思ってもみなかったことでしょう。

このような動きを今世界は諸手を挙げて歓迎しています。日本でも状況は同じでしょう。これまでソ連共産党と「友党関係」にあった人々すらこの歴史的意義を否定していません。マスコミは新しい時代の到来を予言し、「ソ連の脅威の消滅」や「北方領土返還」の可能性すらまことしやかに書き始めています。

一つの誤ったイデオロギーが自滅し、抑圧された諸民族が自由を回復すること自体は大変結構なことです。でも「共産主義の消滅」の後に何が起こるかと思うと、私は背筋の震えを止めることは出来ません。日本が過去四十六年間享受してきた「幸せな時代」は今日音もなく、しかし確実に変化しつつあるのではないか、という不安がどうしても拭い切れないのです。

日本にとって、「共産主義崩壊」後の世界はこれまでのように安定し、予測可能で、柔和な時代ではありません。米ソの優位が相対的に低下し、気まぐれで情緒的な「民族主義」が幅をきかすような「ジャングル」の時代が再び到来するのです。これから私たち一億二千万の国民は、どのようにしたら戦後営々と築き上げてきた自由民主主義の伝統と豊かな経済的遺産を守り抜くことが出来るでしょうか。

何をヒントにこれを書いたかはよく覚えていない。当時外務省北米局に地位協定課という部署があり、筆者はその首席事務官を拝命していた。仕事の大半は湾岸戦争と在日米軍基地関連業務だったので、なぜこのような内容のエッセイが書けたのか、不思議ですらある。それはともかく、この駄文、筆者にしては珍しく、現在の欧州を予言している。

このエッセイが書かれた四カ月後、米国と並ぶ超大国として君臨したソビエト連邦は崩壊。四十年もの長きにわたって続いた冷戦構造も終わることになる。

冷戦下、世界は「自由主義」と「共産主義」のイデオロギー対立を軸に真っ二つに分裂していた。ベルリンの壁が民衆によって壊される映像がTVで繰り返し流され、人々は「ありえないことが起きた」と瞠目した。グローバリズムのもと、国境を自由に越える新しい世界の到来の予感に熱狂していた。また、自由主義国家の一員であった日本にとっては、共産主義の崩壊はある種の「勝利」にほかならなかった。

しかし、その当時の筆者の眼は、以下の通り、驚くほど醒めていた。

1、民族主義への回帰

思い返せば一九四五年以降の世界は、「民族主義」を超えた「共産主義」と「自由民主主義」という二つのイデオロギーが直接対峙したという意味で、一種の「理性主義」、「国際主義」の時代でした。このように米ソをそれぞれ頂点とする二つの陣営が対立していたということは、第二次大戦以前に主流のイデオロギーであった「ナショナリズム」がこの二つの強力な「インターナショナリズム」によって強引にねじ伏せられていたということでもあったのです。

そもそも共産主義は、初期資本主義の弊害を正すイデオロギーとして十九世紀に生まれ、当初の予想に反し、二十世紀に入り当時の後進国家ロシアで国家権力を奪取しましたが、その「国際性」は初期のロシアの活動家の中にユダヤ人や非ロシア人が多く含まれていたことからも明らかです。その後ソ連の共産主義は「ロシア化」し、また中国では現代の中華思想の一つとでも言うべき「毛沢東思想」も生まれますが、これらのイデオロギーの底流にある国際主義的傾向は大きく変わりませんでした。

一方、自由民主主義のルーツは宗教改革まで遡ります。当時のヨーロッパにおける宗教的迫害を逃れ、「ピューリタン達」は自由の新大陸をめざしました（勿論、当時北米大陸に住んでいたスー族やアパッチ族にとってはたまったものではありませんが）。その後、西欧だけでなく、アフリカから（但し、奴隷として）、東欧から、中東から、そしてアジア、中南米から続々と自由と民主主義を求める人々がアメリカにやってきました。アメリカが使う「自由主義」という言葉の裏に一種の「国際性」が感じられるのは、恐らくこのような歴史的背景に基づくこの国の「多民族性」或いは「非民族性」によるところが大きいのではないかと思います。

このような二つの「国際主義」の対立は一九八九年のベルリンの壁の崩壊以降「自由民主主義」の勝利とともに、少なくともイデオロギーの分野では、現在終焉しつつあります。でも世界はこのまま本当に「安定と調和の時代」を迎え、平穏な時代がやってくるのでしょうか。私にはどうしてもそうは思えません。「共産主義」という象徴的ライバルを失った「自由民主主義」の勝利はいずれその「国際性」を埋没させ、逆にこれまで「民族主義」を封じ込めてきた「大義名分」を失って、一九四五年以前の「ナショナリズム」を再び野に放つことになるのではないでしょうか。来るべき「民族主義的対立」の不吉な前兆は、現在のユーゴスラビアやソ連で見られる連邦政府と各共和国政府及び共和国政府間の確執という形で、既に現実のものとなりつつあります。

既に述べたとおり、このエッセイを書いたのは今から二十四年も前のことだ。つい最近まで、筆者自身この文章の存在すらすっかり忘れていた。だが、こうして読み返してみると、内容的には最近筆者が欧州情勢につきコメントする評論と大して変らない。二十四年前から先が見えていたのか、それとも二十四年間筆者に知的進歩が全くなかったのか、のいずれかだろう。

残念ながら、共産主義の崩壊と冷戦の終焉は、人々が望んだような新しい世界をもたらすことはなかった。今、世界で起きていることは、国境やイデオロギーを超えたユートピア的世界ではない。まさに「逆にこれまで『民族主義』を封じ込めてきた『大義名分』を失って、一九四五年以前の『ナショナリズム』を再び野に放」っているのではないだろうか。

このような視点のもとに、以下、本章では現在欧州の陸上で起きているロシアによる現状変更の試み、特にプーチン大統領のクリミア併合断行に至った理由を詳しく検証していきたい。このような国際法違反を行えば、欧米諸国による対ロシア経済制裁は不可避だろう。それを承知でなぜロシアはクリミアを併合したのだろうか。

この問いに関する筆者の見立ては、「プーチンのロシアが経済的合理性を超える、地政学的・戦略的利益の保全に踏み切った」ということだ。

まずはプーチンのクリミア併合の裏にあるロシア民族主義の復活と時代錯誤の帝国主義的衝動について考察していこう。

ブダペスト・メモランダム

最近の欧州・ロシア関係を示す最重要キーワードはずばり「民族主義の復活」だ。

冷戦構造の終焉とともにロシア民族主義が復活した、と書いたが、むろん欧州も例外ではない。その典型が英国のEU脱退の動きであり、その英国からは今やスコットランドが独立を試みている。一方、欧州大陸フランスではイスラム移民排斥を唱える極右政党が一定の支持を得ている。

それだけではない。ネオナチのような醜いナショナリズムはドイツだけでなく、ウクライナやポーランド、ベルギー、オーストリアでも広く見られるようになった。このような欧州の不健全で暴力的な民族主義の復活と呼応するかのように、旧帝国の大国が力による現状変更を試みている。その典型がロシアによるウクライナ介入とクリミア併合だ。

冷戦の終焉によって世界は安定するどころか、逆に不安定になった。こうした現状は今後も続くだろう。冷戦という人類史上のユニークな時代が終わり、欧州は十九世紀型の民族国家、国民国家の競争の時代に逆戻りしているかのように見える。国際主義を超える価値として「国家、民族」が国民のなかに共有される、非常に不安定な状態に戻りつつあるのだろうか。

実は、欧州人の多くが「民族主義の復活」をある程度予期していたのではないかと思われる節がある。その典型例が冷戦終結後核兵器保有国となったウクライナに関する「ブダペスト覚書（Budapest Memorandum）」と呼ばれる外交文書だ。署名日は一九九四年十二月五日、署名国は英米露の三カ国とウクライナである。

内容は、①ロシアはクリミアをウクライナに割譲する、②ウクライナは非核化し核兵器不拡散条約（NPT）に加盟する、③ロシアはウクライナの独立・主権と現在の国境線を尊重する（Respect the independence and sovereignty and the existing borders of Ukraine）、④ウクライナの領土保全あるいは政治的独立に対する威嚇・武力行使を慎む（Refrain from the threat or use of force against the territorial integrity or political independence of Ukraine）である。

特に③の「現在の国境線」という表現が重要だ。①で既にロシアはクリミアをウクライナに割譲している。されば同覚書のポイントは、ウクライナが核兵器保有を放棄する代わりに、ロシアがクリミアの領有を含めたウクライナの独立と主権を保証することだ。簡単にいえば、英米はこの覚書によりロシアに「クリミアを正式に放棄させた」のである。

ブダペスト覚書だけではない。欧米諸国はあらゆる知恵を絞ってソ連崩壊後の新たな国際秩序をロシアに認めさせようとした。その結果が北大西洋条約機構（NATO）とEUの拡大であり、ユーロ通貨の導入だった。なぜそのような手の込んだ仕掛けを考えたのか。それは誰もが何よりも「ロシアの熊が帰って来る」ことを恐れたからに他ならない。

ロシア民族主義封じ込めの失敗

振り返ってみれば、「ポスト冷戦時代」とは冷戦終了後もロシア民族主義を封じ込め続けるための努力が払われた時代だった。一部では冷戦期（一九四五～一九九一年）を【モダン】、ポスト冷戦期（一九九二～二〇一三年）を【ポスト・モダン】と呼んで神聖視した。中には「歴史は終わった」、「人類社会の平和・自由・安定は無限に維持される」と本気で唱える向きすらあった。

これらのナイーブな予測が外れたこと自体は驚くに当たらない。ソ連崩壊後の民主ロシアがあまりに弱体で、欧米が望むような安定は実現しなかったからだ。

その後、ロシアは民主制からプーチン型権威主義体制に移行したが、その際プーチンが利用したのもやはり、封印されてきたロシア民族主義だった。

ロシアの手法は自らの安全を再び確保するためなら「力による現状変更」も辞さないという極めて暴力的なものだ。これはロマノフ王朝以来ロシアが抱いてきた西欧への憧憬と恐怖の裏返しである。

たとえば、「黒海の真珠」と称されるウクライナの港町オデッサ。エカテリーナ二世によって建設されたこの計画都市は、西欧や隣接するハプスブルク帝国への憧れに満ちている。オデッサという地名は、古代ギリシャの植民地「オデッソス」からとられた。

ピョートル一世が西欧化に目覚め、西欧使節団を組織し、帰国後、西欧の風俗や生活様式を強制したことはよく知られている。しかし、その涙ぐましい西欧化の努力をしてもなお、西欧にとってロシアは辺境（フロンティア）であり、自分たちとは異質な東洋的国家とみなされてきた。それは「ロシア人、一皮剝けばタタール（韃靼）人」という諺からも容易に推察できよう。

だからこそ、西欧はロシアの民族主義を封じ込めるために、考えうる様々な仕掛けを巧みに施してきたのである。しかし、そのすべての努力は今や水泡に帰した。その象徴がクリミア併合という訳だ。

二〇一四年のクリミア事件発生により「ポスト冷戦」時代は終焉した。現在はポスト冷戦「後」の時代だが、まだ名前は決まっていない。敢えて言えば「ポスト・ポスト冷戦」時代、または「新民族主義」の時代に入ったというべきか。この時代の特徴はロシアが自国の安全を再び確保するため「力による現状変更」を躊躇しなくなったことだ。

かくして欧州は急速に「ロシア革命」前の時代に戻りつつある。ロシアの熊が冬眠から醒めれば、それまで封印されてきた欧州各地の民族主義も復活する。ロシアの自己主張、ユーロ危機に加え、イスラム移民・難民問題までが慢性化し始めた欧州大陸では混乱が当分続く。EU各国が今後も国際政治の主要勢力の一角として生き残る可能性は低いだろう。

EUの雄ドイツの実力と限界

その唯一の例外がドイツだ。今も最強のEU加盟国はドイツである。同時に、EUはロシアだけでなく、ドイツをも封じ込めるための組織であることを忘れてはならない。一九四五年以降、そのドイツはNATOとEUに加盟し、ユーロを導入することにより、自らの民族主義的情熱を抑制し、敢えて欧州全体の「人質」となる道を選んだのである。

そのドイツが今再びロシアの民族主義に直面している。ここでロシアの横暴を許せば、欧州全体に民族主義の作用・反作用が拡散し、その結果欧州は更に没落を早めるだろう。他方、ロシアは今も核兵器大国であり、ウクライナ内戦のような欧州大陸の「小競り合い」に米露相互核抑止は機能しない。欧州の政治エリートはこのことを熟知しているはずだ。

だからこそ、ドイツのアンゲラ・メルケル首相は、ウクライナ・クリミアでのロシアの既成事実作りをある程度黙認しつつも、これ以上の紛争拡大を防ぐため、最大限努力したのだろう。しかし、その結果出来上がった二〇一四年九月以降の一連の停戦合意（ミンスク合意）をロシア側は意図的に無視している。ロシアはドイツの微妙な立場を知り抜いているのだ。

ズビグニュー・ブレジンスキー元米大統領補佐官は、二〇一四年二月、英紙「フィナンシャル・タイムズ」に「ウクライナのフィンランド化」を提案する小論を寄稿した。そこでブレジンスキーは、「ロシア帝国」を復活するというプーチンの野望を指摘し、ウクライナが欧州・ロシアのどちらにも与しないフィンランド型国家になることを提案している。

二十世紀にソ連と二度戦ったフィンランドは一九四八年、ソ連と友好協力相互援助条約を締結した。ブレジンスキーは、ウクライナがＮＡＴＯに加盟せず、ソ連と敵対する国に自国の領土を提供しないかわりに自国の政治的独立と自律性を確保したフィンランドのような国になるべきだ、と説いたのだ。

ロシア嫌いで知られるブレジンスキーだが、「ウクライナのフィンランド化」は、ロシアにとっても好都合といえる。

実際、「ミンスク合意」は結果的にロシアの思う壺と化している。しかも、ドイツのメルケル首相やフランスのフランソワ・オランド大統領には、強大な武力を背景に断固として自己主張を強めるプーチン大統領に対し宥和政策を続ける他に有効な手段がない。

ロシアは今後とも、必要なら何度でも、ウクライナで騒動を起こしては停戦協議を呼びかけ、譲歩する姿勢を見せながら、その時点での既成事実を欧州に追認させようとするはずだ。今の英国に欧州をリードする昔の面影はなく、米国も欧州大陸内の問題には及び腰だ。当面独仏はロシアの既成事実を追認するしかないだろう。これが欧州の限界である。

ドイツはユーロを守らなくてはならない

欧州のもう一つの限界がギリシャをめぐるユーロ問題だ。企業ならともかく、国家の資金が枯渇するとは何とも情けない話だが、これが南欧の現実である。ギリシャは欧州中央銀行（ＥＣＢ）やドイツをはじめとするユーロ圏諸国と交渉を続けるだろうが、ギリシャのデフォルト（債務不履行）、銀行破綻またはユーロ圏離脱といった危機は当面続くに違いない。

ここでもドイツは、大きな犠牲を払ってでも、ユーロを守らなければならない。その理由はユーロが本質的に政治的通貨であるからだ。同様に、ＥＵもその本質は経済的合理性に基づく共同体ではなく、政治的連帯である。されば、米露間での埋没を恐れる欧州の政治エリートたちにとって、ユーロやＥＵを潰す選択肢など初めからあり得ないのだ。

第二章　「イスラム国」後の中東世界

第二章では、現在中東レバント地域で起きつつあるIS（「イスラム国」）台頭の原因を検証する。第一章で述べた欧州での伝統的民族主義・帝国主義の復活とは異なり、過激なイスラム主義に基づくIS運動は中東特有の現象と見られがちだ。しかし、現在シリア・イラクで起きている現象の本質はイスラム的普遍主義だけではどうしても説明できない。

今シリアとイラクを覆う大混乱は、実は第一次大戦後始まったオスマン朝の崩壊プロセスの新段階ではないか、というのが本書の仮説だ。オスマン朝のカリフ制崩壊後、イラク、シリア、ヨルダンなどの国境線はアラブの王制・独裁を通じてかろうじて維持されてきた。だが、これらは所詮二十世紀初頭に英仏が勝手に引いた人工的境界線に過ぎない。

米国等によるイラク・フセイン政権打倒とその後の「アラブの春」現象は、それまで独裁制が封じ込めてきた中東の様々な民族主義を解放してしまった。その結果、シリア東部・イラク北西部、イラク北東部と南部に、スンニー・アラブ、クルド、シーア・アラブという三つの民族主義が新たに生まれつつある。これが現代レバントの地政学的実態だ。

IS運動とは、民族を超えたイスラムという国際主義的イデオロギーの衣を纏いながら、実はその本質において欧州やアジアと同様の民族主義的要素を含んでいるのでは、というのが筆者の見立てだ。これが正しければ、現在の中東の混乱も冷戦後世界各地で起きつつある伝統的民族主義の復活の一形態と見ることが可能である。

中東大帝国の興亡

欧州と中東・北アフリカは有史以来常にライバル同士だった。一方が栄えれば、他方は従属する。相互に相手方を自分たちの「裏庭」だと見下してきた。例えば紀元前六世紀、アケメネス朝ペルシャの勢力範囲はアナトリア半島を越えた。紀元前四世紀にはギリシャのアレキサンダー大王が中東を越え、遥かインドにまで到達した。

その後、二世紀までにはローマ帝国が中東・北アフリカを支配した。八世紀には逆にイスラム・アラブがイベリア半島を支配し、当時の後進地域・欧州にギリシャ・ローマ文化をアラビア語で再輸出した。更に、十一世紀にはセルジューク朝、十六世紀にはオスマン朝がそれぞれ勢力を拡大、特に後者は一時ウィーンを包囲するほど、栄華と隆盛を誇った。

これら歴史上の大帝国のうちペルシャ、アラブ、トルコ（オスマン）の三つまでが中東起源であることは偶然ではない。七世紀のイスラム誕生から約千年、中東・北アフリカ地域は欧州よりも遥かに洗練された文化を持っていた。欧州が主導権を握ったのはごく最近、わずか二、三百年ほどの出来事にすぎない。これが現在中東に住む人々の矜持である。

その中東・北アフリカでは近年、これら旧帝国のうちトルコとイランが自己主張を強める一方、アラブがその統治能力を大幅に低下させている。後者の典型例が、二〇〇三年以降のイラクの混乱、「アラブの春」の失敗、リビア、イエメン、シリア等での内戦やIS（「イスラム国」）の台頭だ。本章ではこれらの動きを欧州民族主義復活の動きと比較しつつ検証する。

まずはトルコから始めよう。トルコは欧州とアジアの接点にあるイスラム・非アラブの地域大国だ。イスタンブール（コンスタンチノープル、ビザンティオン）は、古くは東ローマ帝国、最近ではオスマン朝の首都として大いに栄えた。イラン・シリア・イラクと国境を接し、黒海を挟みウクライナ、ロシアにも隣接するトルコは地政学的要衝だ。黒海を挟んで対岸にはクリミア半島が突出している。

このトルコが最近揺れ始めた。総人口は約七千八百万人、二〇五〇年には総人口一億人に達するとも言われている。一人当たりのGDPは一万ドル超。ケマル・アタテュルク以来民主化・西欧化を進め、一九六〇年代から欧州の一員となることを切望してきた。これに対し、欧州は過去半世紀、結論を先送りしている。

一方、トルコ国内では軍部主導の伝統的世俗主義に代わり、最近徐々にイスラム化が進行している。

トルコはレジェップ・タイップ・エルドアン首相・大統領の時代に大きく変わり始めた。今のトルコ外交は従来のEU加盟よりも中東地域での影響力拡大を優先している。エルドアン外交は、ウクライナ危機後の欧州における「民族主義の復活」と軌を一にする、中東での「民族主義の復活」現象だったのではないか、というのが筆者の見立てだ。

EU加盟を拒否されたトルコ

欧州における民族主義の復活は間違いなく中東地域にも影響を及ぼす。ポスト冷戦期の中東でロシアは一時影響力を低下させたが、アフガン・イラク戦争により米国の影響力も相対的に低下した。「ポスト・ポスト冷戦」期とも呼ぶべき「新民族主義」時代の中東ではロシアが再びシリアやイランに対する影響力拡大を画策するだろう。

場合によっては、米国主導の中東「安定維持装置」、就中キャンプデービッド合意体制（CDA：一九七八年、カーター米大統領、サダト・エジプト大統領、ベギン・イスラエル首相の三者で合意されたエジプト・イスラエルの和平体制）が動揺し、中東に巨大な「力の空白」が生ずる可能性すらある。「ポスト・ポスト冷戦」時代には、欧州だけでなく中東でも、「旧帝国」が再び醜悪な「民族主義」的自己主張を復活させる恐れがあるということだ。

では、現在のトルコはどうか。欧州や中東でのトルコのイメージは決して良くない。十六世紀に東欧キリスト教国を席巻したオスマン朝は欧州中世封建体制に対する脅威だった。中東・北アフリカの広大な地域を支配したこのイスラム・非アラブ帝国は現在も各地で様々な「歴史問題」に直面している。その典型例がアルメニア人虐殺問題[1]だ。

冷戦時代にNATOの一員として「ソ連封じ込め」の一翼を担いながら、ポスト冷戦期に入っても、欧州キリスト教諸国はトルコが切望したEU加盟を、婉曲ながらも事実上、拒否し続けた。この傷心のトルコが今やEUを見限り、中東・中央アジアのイスラム地域での影響力拡大を目指し、イスラムを前面に出し始めていることは決して偶然ではない。

最近のエルドアン外交を見ていると、オスマン朝時代の欧州・中東地域の大帝国の中核だったトルコ人の「民族主義的DNA」が「イスラム主義への回帰」という形で復活しつつあるように思える。この点は同じ中東で大帝国を作ったイラン（ペルシャ）についても同様だろう。イランの民族主義的DNA復活については後ほど詳しく触れる。

ここで若干脱線はするが、トルコに対する筆者の個人的な思いを記しておきたい。外務省で中東アフリカ局勤務を経験した者にとってトルコほど「心安らぐ国」はない。とにかく相手は親日的だし、「トルコ大好き」の日本人も大勢いる。両国間に歴史問題や懸案事項はなく、十九世紀末以来の伝統的友好関係は今も盤石だからだ。

一九九八年一月、中近東第二課長から第一課長に異動した初日の晩のことは今でも忘れられない。直前までは湾岸地域担当だったから、招待されるイベントの大半がアルコールも歌舞音曲も御法度だったことは言うまでもない。ところが、都内某ホテルで開かれた日土友好親善レセプションは文字通り参加者の善意と笑いに包まれていた。

中東の国との間でこんなに楽しい交流の場があるとは夢にも思わなかった。アルコールは飲めるし、歌にせよ踊りにせよ、トルコ人とは文化的違和感を全く感じない。この「温かさ」はもう理屈ではない。大変申し訳ないが、湾岸アラブ諸国在日大使館のイベントとは雲泥の差がある。

（1）十九世紀末から二十世紀初頭、オスマン朝内の少数民族・アルメニア人の多くが強制移住、虐殺などにより死亡したとされる事件であり、欧米諸国は特に第一次世界大戦中に起きた事件をオスマン朝政府による計画的・組織的虐殺として厳しく批判している。

トルコについてもう一つ思い出したことがある。それはトルコが欧州なのか中東なのかという本質に関するものだ。一九九八年の中近東第一課長時代、当時の在京トルコ大使から「欧米ではトルコは欧州局が担当するのに、何故日本では中東局なのか」と陳情を受けたことがある。

筆者は思わず本音を言ってしまった。「確かにそのとおりですね。早速部内で検討してみましょう。しかし、大使、その前にお願いがあります。ちゃんとEUには加盟しておいてくださいね」大使の苦虫を噛み潰したような顔は今でも忘れない。トルコという友好国の大使にあのような暴言は二度と吐いてはいけない、と大いに反省したものだ。

トルコは一九二三年の建国以来、国民の大半がスンニー派のイスラム教徒でありながら、政教分離の世俗主義を守ってきた。しかし、こうした状況は東西冷戦の終了とともに少しずつ変化し始め、最近では政権与党だった公正発展党（AKP）がイスラムの伝統への回帰志向を様々な場面で見せている。その一つが二〇一三年のアルコール規制法だ。モスクや学校の近くでのアルコール類の販売や夜間の販売を禁止し、アルコール飲料会社のイベント後援や映画などで飲酒を奨励するような場面も禁じられた。実際には、それほど強い規制ではないものの、トルコが徐々に変質していることの一つの表れだろう。

ペルシャ帝国の逆襲

続いては中東のもう一つの雄であるイランを考える。中東における旧大帝国の「民族主義的DNA」が「イスラム主義への回帰」なる形で復活するというなら、その先駆は間違いなく一九七九年のイラン・イスラム革命だろう。筆者は外務省中近東アフリカ局の一年生だったが、当時日本の外務省が受けた衝撃と動揺の大きさを今でも鮮明に覚えている。

当時亡命中だったホメイニを精神的指導者とするイスラム教・シーア派（正確には十二イマーム派）の法学者たちを中心とする「革命」勢力が、パーレビ国王（シャー）の専制に反対し、政権は崩壊した。一般にイラン革命は、シャーの世俗主義的圧政をイスラム「原理主義」的勢力が打倒した結果と理解されているが、筆者の考えはちょっと違う。

確かに、シーア派のイスラム法学者が政権を握ったことは間違いない。しかし、この政治運動の本質は必ずしもイスラム過激主義だけではなく、むしろ、欧米世俗主義に迎合・従属した専制君主を打倒し、ペルシャ人によるシーア派（ペルシャ型イスラム）の独立国家を目指した「ペルシャ民族主義」の復活にもある、というのが筆者の見立てだ。

イラン・イスラム革命を「ペルシャ民族主義」と捉えれば、その直後にイラクが対イラン開戦（イラン・イラク戦争）に踏み切り、それを湾岸アラブ諸国が財政的に支援した理由も理解できよう。当時のサッダーム・フセイン・イラク大統領はイランのイスラム革命を単なる宗教運動ではなく、アラブに対する「旧ペルシャ帝国」の逆襲と考えたのではないか。

有史以来、ペルシャ帝国は長くメソポタミアを支配下に置いてきた。紀元前五五〇年から約千百年間、メソポタミアの大半はアケメネス朝、パルティア、サーサーン朝に支配された。この地をアラブが支配したのはアッバース朝の五百年間（七五〇〜一二五八年）だけであり、その後もペルシャによる支配はサファヴィー朝滅亡の一七三六年まで続いた。十八世紀以降メソポタミアはオスマン朝の一部となり、ペルシャの影響力は大幅に低下した。第一次大戦後、英国がこの地にハーシム家のアラブ王国を作ったが、同王国は一九五八年のクーデターで崩壊し、二〇〇三年まではフセイン大統領のアラブ民族主義・バアス党がメソポタミアを支配した。その流れの中で起きたのがイラン革命である。

そう考えれば、イラクにとってイラン・イスラム革命が単なるイスラムの革命ではないことが判るだろう。メソポタミアの民には、イラン・イスラム革命という宗教の衣を纏って、旧ペルシャ帝国とペルシャ民族主義が復活しつつあるように見えるだろう。現代中東の民族主義復活の先駆は一九七九年のイラン・イスラム革命だと考える理由がここにある。

「イスラム国」の正体も「民族主義」？

最後に、現在中東レバント地域で起きつつあるIS（「イスラム国」）の台頭について考えよう。このISなる政治運動、一見イスラムという宗教的インターナショナリズムの問題であり、民族主義とは無関係と思われるだろう。ISの過激なイスラム主義は中東特有の現象であり、欧州での伝統的民族主義・帝国主義の復活とは無関係と見られがちだ。

しかし、オスマン朝の歴史を紐解けば、現在のIS運動が単なるイスラム主義運動ではないことが見えてくる。

オスマン朝の崩壊プロセスは、実は第一次大戦後に始まったものの完全には終わっていない。今イラクとシリアを覆う政治的大混乱は、この崩壊プロセスが、フセイン・アサド両政権の崩壊・弱体化によって最終段階に入りつつある、というのが筆者の仮説だ。

オスマン朝のカリフ制滅亡後、イラク、シリア、ヨルダンなどの国境線はアラブの王制・独裁政権を通じて何とか維持されてきた。それが可能だった理由は、それぞれの領域内に住む人々が多数派であれ、少数派であれ、限られた独裁者または独裁集団によって支配・保護されたことにより、現状がほぼ維持されてきたからだ。

しかし、これら国境も所詮は二十世紀初頭に英仏が勝手に定めた人工的境界線に過ぎない。米国等によるイラク・フセイン政権打倒とその後の「アラブの春」現象によるシリア・アサド政権の弱体化は、それまでの王制・独裁制が封じ込めてきた少数派を含む中東の様々な民族主義を一気に解放・復活させてしまった。

似たようなケースは冷戦後の欧州で既に起きている。ヨーロッパ的なネーション・ステート（国民国家）による統治に失敗したバルカン半島では冷戦後凄惨なエスニック・クレンジング（民族浄化）が起きた。今の中東レバント地域でも、同様のセクタリアン・クレンジング（宗派浄化）が発生し、地域人間集団の再流動化・再編成が始まった。

現在シリアやイラクで起きている現象の本質は必ずしもイスラム的な普遍主義とは限らない。両国の旧バアス党独裁政権が支配した地域は今やシリア東部とイラク北西部のスンニー・アラブ、イラク北東部のクルド、更には南部シーア・アラブという三つの民族主義に再編成されつつある。これが現代レバントの地政学的実態ではなかろうか。

このようにＩＳ運動とは、民族を超えたイスラムという国際主義的イデオロギーの衣を纏いながらも、実態はその本質において欧州やアジアと同様の民族主義的要素を含んでいると見るべきではないか。そうであれば、現在の中東の混乱も、冷戦後世界各地で起きつつある伝統的民族主義復活の一形態と考えても良いだろう。

「アラブの春」はなぜ失敗したのか

二〇一〇年、チュニジアのジャスミン革命に端を発し、二〇一二年にかけてエジプト、シリア、リビア、イエメン、ヨルダンなどに波及した「アラブの春」。独裁政権が相次いで倒れ、中東各国に民主化が広がると期待された。しかし、今、民主化に成功したといえるのは唯一チュニジアくらい。男女平等や表現の自由を認めた新憲法を制定し、議会選挙、大統領選を実現し、民主化のプロセスを歩んでいる。

そのチュニジアでもテロ事件が止まらない。エジプトではムバラク政権の崩壊後、ムハンマッド・モルシ大統領はイスラム色の強い憲法草案を打ち出し、それに反発した軍部がクーデターを起こすと同時に民主化運動も弾圧、結局は軍事独裁政権に逆戻りしてしまった。二〇一一年にカダフィ政権が崩壊したリビアでも、政権移行プロセスは頓挫、事実上の内戦状態にあるリビアは、今やＩＳの格好の標的となっている。

「アラブの春」はなぜ失敗したのだろう。民主化失敗や軍対イスラム主義の対立が原因、などと言っても問題は解決しない。最大の懸念は、これまで中東の安定を維持してきたキャンプデービッド合意（CDA）と米・湾岸協力会議（GCC）同盟という枠組み自体が動揺する可能性だ。これこそ「アラブの春」が中東に及ぼした悪影響の本質である。

皮肉なことに、現在中東地域で進行しつつある地殻変動は、米ブッシュ政権が二〇〇一年以降推進した「テロとの戦い・中東民主化」と、これに対するイスラム諸勢力からの反動によって引き起こされたものだ。「アラブの春」という千載一遇の機会を得ながら、オバマ政権は中東で強力なリーダーシップを発揮する気がない、もしくはその力を失いつつあるように見える。

近代以降の中東アラブ・イスラム諸国の内政は、武力を握る王族・軍部と国内イスラム勢力との力関係により決まっていた。イスラム勢力が権力を握れば、現実離れしたイスラム法による統治が始まる。それを回避するため、王族・軍部は権威主義的体制を維持しながら極端なイスラム主義者を排除してきたのだ。このような国々に米国式「民主化」の効用を説くことは極めて難しい。

ブッシュ政権の最大の失敗は、近代市民社会のような政治的成熟のない国に欧米型の「自由化」による「民主化プロセス」を求めたことだろう。部族的権威主義が色濃く残る中東で自由化だけを進めれば、専制以外に統治を知らない政治エリートたちの統治能力を逆に減じ、イスラム勢力の台頭を許し、結果的に国家統治システム自体を破壊することになる。その典型例が今のエジプト、リビア、シリアだ。

それだけではない。現在の流れは米国が一九七八年以降一貫して維持してきたCDA体制の核心、すなわちイスラエル・エジプト平和条約とイスラエル・シリアの事実上の停戦、を揺るがしかねない。仮に今後エジプト国内が再び不安定化し対イスラエル関係を再考したり、シリア新政権がイスラエルとの対決姿勢を鮮明にしたりすれば、事態は容易に急変するだろう。

同様のことは、湾岸地域にも言える。これまでイランからの脅威・圧力を米国との同盟関係でバランスしてきたサウジアラビアなどGCC諸国にとって、最近の米国とイランの急接近は一種の「裏切り」と映っただろう。このままGCC諸国の頭越しに米・イラン和解が進めば、GCCは対米関係を再考し、独自の核開発の道を模索しかねない。

壊れていく統治機構

それでは、IS運動に象徴される現在の中東・北アフリカでの混乱は中東地域のパラダイムを如何に変えていくのだろうか。欧州の場合は地域全体が冷戦前、ロシア革命前に戻ったと考えれば判り易い。他方、欧州のような長期の冷戦構造を経験していない中東でのパラダイム・チェンジは当然欧州とは異なるものとなるだろう。

欧州と中東の最大の相違点は、前者で「統治の正統性」が確立しているのに対し、後者にはそれが決定的に欠けていることだ。何度試みても議会制民主主義が定着しない中東イスラム諸国では、王制・君主制・独裁共和制だけが国家安定の源だった。その中東では今や旧独裁国家が次々と崩壊しながら、肝心の民主的政治制度は根付かないままだ。

このことは、政治体制の如何を問わず、独裁国家の崩壊がそのまま各地域の統治機構の崩壊に繋がり得るということだ。統治機構が壊れれば「力の真空」が生まれ、そこは過激主義者の聖域となる。過激主義者が強いからではない、統治機構が弱すぎるのだ。問題の根源は過激なイスラム主義者を圧倒できない「非正統政府」が多すぎることである。

こうした傾向がいつまで続くかは判らないが、これを助長する要因は中東地域外にも存在する。その典型例が米国オバマ政権の「非介入主義」だ。過去七年間に米国は二〇〇一～二〇〇三年に軍事介入を始めたアフガニスタンとイラクから戦闘部隊を撤退させたが、その結果、逆に中東では独裁政権の崩壊による不安定化が恒常化しつつある。

以前であれば効果的だった中東「多国籍軍」は今や「有志連合」となり、米国が主導するケースは減少している。二〇〇一年以降、当初こそ有効だった国際テロと戦う体制も大幅に弱体化し、今や、基本的には関係諸国政府に委ねられている、というのが偽らざる実態だ。

このような状況は今後改善するだろうか。全ては二〇一六年の米国大統領選挙の結果次第だと筆者は考える。振り返ってみれば、オバマ政権は中東二カ所で軍事介入したブッシュ政権のアンチテーゼとして誕生した政権だ。それは米国民の厭戦気分が作り出した極めて米国内的要素の濃い政治的産物であって、それ以上でも、それ以下でもない。

こう見てくると、二〇〇一年からの足かけ十六年間は9・11後の作用・反作用の時代だったともいえるだろう。だからこそ、それが二〇一七年以降も引き継がれるとは限らない。もしかしたら、二〇一六年の米大統領選挙は近年では珍しく外交問題、特に強い米国の復活を望むか否か、が主要な大統領選の争点の一つとなるかもしれない。

ＩＳ人質事件の教訓

最後にＩＳ（「イスラム国」）と日本の関係について簡単に触れておく。二〇一五年一月下旬から二月初旬はＩＳによる日本人人質拉致殺害事件で日本中が揺れた。改めて犠牲となった湯川遥菜・後藤健二両氏のご冥福をお祈りしたい。二〇一五年一月は日本にとっての9・11事件であり、日本の対中東政策の歴史的転換点になるかもしれない重大事件である。

　日本政府内部の検証は既に終わっているが、今も一部には「ＩＳを刺激し日本をテロの対象にした」との政府批判や「無謀にも危険地域に渡航した」との自己責任論が燻っている。この人質殺害事件から日本国民が学ぶべき教訓は少なくない。詳細は政府検証委員会の報告書[2]を参照願うこととし、本書では五点のみ指摘したい。

　第一は、日本が少なくとも二〇〇四年から既にテロの対象となっていたことだ。十一年前の悲劇から学ばなかった日本人のツケでもある。

　第二は、テロがグローバル化し、日本はもはやテロの聖域ではないことだ。中東の一地域での憎悪は今やリアルタイムで世界中の潜在的テロリストたちにより共有・増幅される。

　第三は、従来の日本の警備体制では不十分となる可能性が高いことだ。今後日本は「考えられないこと」を考える必要がある。

　第四に、警備強化については身体、持ち物、車両検査等の強化だけでなく、必要に応じ、基本的人権の制限まで議論すべきことだ。

最後は、世界水準の対外諜報機関設置の必要性に関する議論だろう。情報分析能力と情報収集能力を結合する真のインテリジェンスサービスを作るための知的作業が必要である。人質事件は千差万別だ。それぞれのケースで常に創造的な対応が求められる。

ちなみに、今回の事件は邦人保護・危機管理の事案であり、基本的には総理官邸の内閣危機管理監の仕事だ。他方、本件は地域情勢、外交関係も絡むので日本版ＮＳＣ（国家安全保障局）との連携も必要となる。今回の事件を通じ危機管理と国家安全保障の役割分担を再検討することも重要な再発防止策となるだろう。

（2）　http://www.kantei.go.jp/jp/singi/syria_h27/pdf/kensho.pdf

第三章　マーシャルのネットアセスメントとは何か

第三章からは「大国間の新たな対立・競争は不可避か」という問いに答える。ここで筆者は、中国・日米間の軍事対立・競争の長期的趨勢を評価するための新たな分析手法を提案する。それは冷戦中にアンディ・マーシャルが米ソ間の軍事対立・競争の長期的趨勢の分析に用いたネットアセスメント（総合戦略評価）という評価手法だ。

国防総省のヨーダ

米国防総省にネットアセスメント室[3]（ONA）という部局がある。いや、正確には「あった」というべきだろう。日本では総合評価局などと訳されているが、室長以下室員はせいぜい数十名だから、局というほどの規模ではない。同室の初代にして事実上の最後の室長がネットアセスメントの第一人者、アンドリュー・マーシャルだった。

マーシャルは一九二一年生まれ。ミシガン州デトロイト市で育ち、シカゴ大学大学院で経済学修士（統計学）を得た後、ランド研究所で勤務した。その後、ヘンリー・キッシンジャー、ジェームズ・シュレジンジャーらの知遇を得て、一九七三年国防総省に新設されたネットアセスメント室長に就任。驚くべきことに二〇一五年一月に退任するまで四十数年間、彼は現役の国防官僚だった。

マーシャルはニクソン政権からオバマ政権まで党派を超えて歴代政権に仕え、一貫して敵対国との軍事的対立・競争の長期的趨勢につき正確な分析・評価を提供し続けた。他方、彼は表舞台や手柄を嫌悪し、めったに人前に姿を現さなかった。筆者の米国防総省との付き合いは三十年を超えるが、マーシャル本人は一度しか見かけたことがない。

だからだろうか、日本のマスコミ等でマーシャルは「伝説の軍略家」、「伝説の戦略家」、「伝説の老軍師」(4)などと呼ばれている。更に、米国ではSF映画『スター・ウォーズ』のヨーダになぞらえ「国防総省のヨーダ」と呼ぶ向きもあるそうだ。当然ながらマーシャル本人はこの渾名を忌み嫌っているそうだ。気持ちは良く分かる。

もしマーシャルが「ヨーダ」なら、彼を師と仰ぐ「ジェダイ」達が必ずいるはずだ。実際マーシャルの薫陶を受けた「弟子」は四十数年間で九十人ほどいるという。ジェダイたちは誇りをもって自らを「St. Andrew's Prep（聖アンドリュー校）」の学徒と呼ぶ。その

（3）　Office of Net Assessment には、「総合評価局」「相対評価局」「ネットアセスメント局」などさまざまな訳語が充てられているが、どれも適訳とは言い難い。本書では「ネットアセスメント」の訳を「総合戦略評価」で統一した。

（4）　秋田浩之「米戦略を動かす伝説の老軍師（上）―アンドリュー・マーシャルの素顔」（『外交』19巻、外務省、2013年5月、68―71頁）

中でマーシャルと最も長くアジアを研究したのがわが友アンドリュー・クレピネビッチだ。

一九九〇年代前半からマーシャルはクレピネビッチらとともに、いわゆる「統合エアシー・バトル構想」の必要性を主張し続けた。「各国の長射程兵器技術の進歩により米軍の前方展開基地の脆弱性が露呈し、侵攻抑止効果は失われる」、「空母等の従来型攻撃部隊は機動性やステルス性に欠け、現行の海軍前方展開兵力では危機対処に不十分」と評価したのだ。

謎に満ちた知的半生の一端が明らかに

筆者が初めてクレピネビッチに会ったのもちょうどその頃。彼との議論は最初から「軍事における革命」だった。ギリシャ・ローマ以来の戦史を振り返りながら、戦車や空母など従来型武器搭載プラットフォームが情報通信などの新技術を駆使した未来型の戦争で無力化されることを明快に説明した。直ちに「こいつは只者じゃない」と確信した。

その後マーシャルはクレピネビッチらとの議論を進め、従来型プラットフォーム無力化の懸念に対処する「統合エアシー・バトル構想」をロバート・ゲーツ国防長官に提言し、直ちに採用されたという。そのクレピネビッチが二〇一五年一月、満を持して書き上げたのが「ヨーダ」マーシャルの知的半生を詳細に書き記した『The Last Warrior』[5]だ。

マーシャルのネットアセスメントに敗れたソ連

本書の目的はマーシャルやクレピネビッチの業績を紹介することではない。読者に伝えたいのは米国防総省のネットアセスメント（総合戦略評価）手法の確かさだ。目的は明白である。すべては東アジア地域で今後十〜三十年に日本が直面するかもしれない大国間の軍事的対立・競争の本質と趨勢を事前に理解し、大国間の衝突が不可避かを知るためだ。

「はじめに」で述べたように、ソ連はマーシャルのネットアセスメントに敗れたと言ってよい。同時に、従来型の情報分析やＣＩＡの情報網は、ネットアセスメントの前にその脆弱性、不確実性を露わにした。むろん、戦前の日本にも、ネットアセスメントを理解する政治指導者など一人も存在しなかった。今の日本に必要なのは、ネットアセスメントに他ならないと筆者は確信している。

(5) The Last Warrior: Andrew Marshall and the Shaping of Modern American Defense Strategy.

ネットアセスメント（NA）とは何か

ここからは、クレピネビッチ自身の了解を得て、彼の著作の中からマーシャルのネットアセスメント手法を説明した部分のみを抜粋する。これらを一気に読むことで、マーシャルが一九四〇年代から七十年近く没頭してきたネットアセスメント（以下NA）の基本的枠組みとその秘密を探ってみたい。括弧内に筆者のコメントも添えておく。

① マーシャルにとってNAとは、米国とそのライバルが有する武器システム、軍隊、作戦の方針・実践、訓練、兵站、兵器の設計・取得、資源分配、戦略および兵力の効果の現状と将来の予測を注意深く比較することであった。（19ページ：原著の該当ページ、以下同じ）

【（筆者コメント、以下同じ）クレピネビッチによるNAの定義である。NAとは軍事官僚による軍事的評価ではなく、敵性国家の政治・経済・軍事・社会・文化的趨勢に関する直観力に優れたジェネラリストによる総合評価である。】

② NAの究極的目的は、発生する遥か前から諸問題と戦略的好機があることを指摘し、

上級指導者にそれら問題と好機を極小化・活用するための決断を下す十分な時間を与えることだ。（19ページ）

【NAの本質は早期に正しい予測をたて、必要な準備を行う余裕を作ることだ。そのためには敵性国家の弱点を早期に発見し、政策決定者にその弱点を突くための適当な兵器・部隊編成等に関する政策・システム・予算を決定する時間を与える必要がある。】

③　NAとは、（米国との）競争状況の基本的性格を理解する分析的枠組みであり、特に相手側に受け入れ難いコストと困難な挑戦を強いるような正しい戦略作りのために必要な第一段階である。（20ページ）

【NA式戦争とは、敵性国家に耐え難い人的・財政的コストを強いて、最終的に勝利することだ。】

④　マーシャルは常に変らぬ深い好奇心と知的正直さ、自らの考えと実態に齟齬が生じれば自説を再考し、現実を反映しない常識に挑戦するだけの度量を持っていた。（20ページ）

【NAには情報・軍事官僚の常識と戦いつつ、過ちを素直に認める知的度量が必要である。】

⑤ マーシャルは、正確な「診断」こそが適切な戦略的「処方」を考える際の鍵であることを認識し、「意味のない質問に対する偉大な回答よりも、正しい質問に対するそれなりの回答を求め」ていた。（22ページ）

仮に良い回答が直ちに得られなくても、正しい質問を重視するのがマーシャルの伝統的スタイルだった。（39ページ）

【NAの第一歩は「正しい推論」ではなく、その時点で得られる最高の頭脳に「正しい質問」を投げかけることだ。枝葉末節ではなく、本質に関わる質問こそが正しい質問である。】

人間の錯誤や予測不可能な行動に着目

⑥ マーシャルは特に、個人と団体は最適の戦略的選択をすると仮定する「合理的アクターモデル」に陥った諸分析に常に挑戦していた。（32ページ）

もし真珠湾攻撃から学ぶことがあるとすれば、それは我々が不確実性という事実を受け入れ、それと共存する必要があるということだ。（42ページ）

彼ら（分析を誤った人々）が無視したのは、地理と兵站が戦闘の結果に与える影響だけでなく、人間の錯誤、誤った戦争方針、古臭い計画立案および戦時の精神的ストレスの下での政府や軍事組織の予測不可能な行動である。（65ページ）

【NAでは、人が過ちを犯し、組織は非効率になりがちであることを前提に分析すべしということだ。】

⑦　多くの背景「雑音」から正確なインテリジェンスの「シグナル」を区別することは難しく、インテリジェンスの失敗の一部は不可避である。（41ページ）

もし米軍がソ連軍のように軍事費を増やせないなら、ソ連軍以上に頭を使って考えるしかない。（90ページ）

【NAの知的作業は難しいので、常に成功するとは限らないということである。】

⑧　NAについて方法論は事実上存在しない。新たな事象が展開する毎に作っていく必要

がある。（90ページ）

【NAに王道はない。NAには最高の頭脳集団がその優れた直観を駆使して真実に迫るという気が遠くなるほどの知的エネルギーが必要らしい。】

⑨　NAの第一は基本的評価、すなわち分析対象の競争状態につき大局観を示すことだ。米国はうまく競争しているか。過去に比べ米国の立場が改善しているか否か。現状で米国の立場は改善していくか否か。

⑩　第二は競争状態に不均衡が生じていないかを見ることだ。競争者たちが重要な分野のどこで異なっているか、特に彼らは如何に競争しているか。これらの不均衡は広範なものか。例えば、競争の目的、方針、軍の編成、（基地等）軍の態勢、同盟国、兵站、近代化努力など。その上で競争に影響を及ぼすような鍵となる重要な不均衡について評価を行う。

⑪　第三は、第一の基本的評価で得られた結論に重大な影響を及ぼす主要な不確実性を特

定し議論することだ。

⑫　最後の第四は、競争の中で問題が生ずる領域と、同じく米国の競争的地位を改善するかもしれない主要な好機について、等しく対応することだ。（以上108ページ）

以上長々と引用してきたが、これでネットアセスメント（総合戦略評価）の輪郭が見えてきただろう。まず驚くことに、マーシャルがネットアセスメントと呼んだ分析手法は「学問」ではないらしい。そこには標準的なモデルや数式どころか、確立した方法論すら一切存在しない。そもそもネットアセスメント学入門といった教科書など元からないらしいのだ。

人口問題とネットアセスメント

そうであれば、ここは実際に日本を例にネットアセスメント手法を試してみようではないか。例えば、日本の防衛力・抑止力の中長期的趨勢を「人口」という観点から分析・評価するとどうなるか。人口減少という点では、日本も欧州・ロシアと同じ深刻な問題を抱えており、将来は決して楽観できないと思うからだ。

一般に一国の人口減少は少子・高齢化によりもたらされる。言うまでもなく、その最大の原因は出生率の低下だろう。人口減少と政治・経済との関係については既に多くの優れた先行研究があり、ここでは詳細に立ち入らない。

他方、人口と安全保障に関する総合的な先行研究はあまり多くない。人口と経済との相関関係であれば数量化された予測モデル作成も可能だろうが、安全保障分野ではそのような数量化・計量化が難しいからだろう。

軍事・安全保障政策の核心は彼我の能力差にある。そこで本書では、ある国の人口減少がその（同盟国を含む）能力・意図、潜在的脅威の能力・意図、ならびに両者のバランス・相関関係に与える影響について解明を試みたい。

人口と安保の相関関係を正確に理解することは容易ではない。軍事力の強弱だけでなく、人口減少との関連で、当該国の総合力、すなわち政治力、経済力、軍事力など様々な要素を複合的、重層的に分析する必要があるからだ。

経済力への悪影響

まずは、経済力から始めよう。人口減少の経済に対する悪影響として考え得る要素は幾つかある。例えば、国内マーケットの縮小、労働力の減少、貯蓄率低下とそれに伴う資本の減少、技術開発能力の低下などだ。

これらはいずれも一国の経済力を全体として弱めるが、経済的に対応策がない訳ではない。例えば、移民受入の拡大だ。実際に第二次大戦後、多くの欧州諸国では少子・高齢化への対策として大量の移民を受け入れてきた。

但し、移民には経済的悪影響以上に政治的・社会的副作用が伴う。例えば、英仏の場合、北アフリカや中東・インド亜大陸の旧植民地から大量の移民を受け入れたが、彼らの多くはイスラム教徒だったからだ。

キリスト教旧宗主国におけるムスリム移民の差別は想像に難くない。彼らの一部は「テロリスト」となり内外で破壊活動を重ねた。英仏政府は移民の受入に精力を注いだが、結果は若い移民層を疎外するだけに終わっている。

国内社会への悪影響

続いて、国内社会への影響について考えてみよう。一般に少子・高齢化は税収を減少させ、社会保障費を増大させる。国家予算に占める社会保障費が増大すれば、社会保障の水準低下と軍事費・ＯＤＡ予算の減少は不可避だろう。

軍事費が減少すれば、軍事力の低下は一層進む。ＯＤＡ予算が縮小すれば、一国の非軍事面での国際的発言力も低下するだろう。当然ながら、当該国の対外発言力・軍事的抵抗力が低下することが考えられる。

社会的悪影響も否定できない。中央集権的国家で少子・高齢化が進めば、地方の過疎化と都市部のスラム化が進行する。そこに外国人移民問題が絡めば国内治安維持コストは更に高まり、広義の安全保障上の問題を惹起するだろう。

軍事・治安力への悪影響

しかし、安全保障問題の核心はあくまで外交・軍事面だ。ここからは、冒頭述べたとおり、ある国の人口減少が同国およびその同盟国を含む能力・意図に如何なる影響を与えるかについて、可能な限り詳しく検証していく。

人口減少が当該国に与える悪影響は、同国にとって潜在的脅威となり得る国家の能力・意図、更には彼我の外交・軍事的バランスにも影響を与えるだろう。本書ではこうした側面についても併せて解明を試みたい。

なお、本書では当該国軍隊・治安部隊が自国民のみからなり、「傭兵部隊」は存在しないことを想定している。その上で、一国の若年人口が減少する場合、軍隊・治安組織には如何なる悪影響が及ぶのかについて考えよう。

第一の悪影響は実働部隊の組織規模が縮小することだ。具体的には、前線・現場で実際に働き戦う下士官クラスの人員が減少するので、全体の戦闘能力が低下する。仮に今後戦争の無人化が進んだとしても、この傾向は続くだろう。

兵力が減少すれば、当然、部隊の能力だけでなく、武装レベルも低下する。実際に、少子化が進む欧州諸国の一部では、既に現行の徴兵制だけでは必要な戦闘能力を維持することが出来なくなっているようだ。

その典型例が徴兵制の形骸化が進むロシアだ。ロシア政府は最近の急激な少子化により兵員確保が難しい状況に陥っており、今後は兵役期間延長や徴兵枠拡大などで軍の規模を維持することが検討されているという。

人口減少の第二の悪影響は兵士一人の「生命の価値」が必要以上に高まることだ。一家族あたりの子供数が減少するため、社会全体として許容できる戦闘犠牲者数が減少する可能性がある、ということである。

多数の戦死者を許容できない社会・国家では、必要以上に反戦・厭戦ムードが高まる可能性がある。そうなれば当該国家が潜在的脅威となり得る国に対し、より多くの譲歩を伴う「宥和政策」を志向する可能性も高まるだろう。

更に、万一有事となった場合、潜在的脅威国にとっては長期戦の方が有利となるため、衝突・紛争の早期解決の可能性が低下する。このことも当該国の安全保障上の不確実性を拡大するだろう。

人口減少の第三の悪影響は潜在的脅威国との衝突の可能性そのものが高まることだ。ある国の軍事力が減少するということは、その軍事力が潜在的脅威国に対し持ち得る抑止力を低下させることをも意味するからだ。

実際に衝突が起こるか否かは状況によって異なるが、抑止力が低下すれば、潜在的脅威国が冒険を試みる可能性も高まる。他方、仮に抑止力が低下しなくても、現場での誤解ないし誤算に基づき衝突が発生する可能性も常に考えておく必要がある。

要するに、ある国の人口が減少し、その軍事力の維持が難しくなった場合、当該国の安全保障政策には深刻な問題が生じ得るということだ。同様のことは軍事力だけでなく、国内治安維持能力についても言えるだろう。

人口減少は克服可能

以上の通り、「人口」と「安保」の相関関係を分析すれば、人口減少が一国の軍事的能力に悪影響を及ぼす可能性は高い。だが、真の問題は人口減少が日本の外交・安保政策とその国際的影響力に如何なる影響を与えるかである。

第一に理解すべきは、人口が国家のパワーの一側面でしかないということだ。確かに国民は国家の主要構成要素である。しかし、国家のパワーは人口の多寡だけで決まるものではない。

人口減少により日本の安全保障政策の弱体化と総合的国力の低下は不可避なのかと問われれば、決してそうは思わない。なぜならば、一国の総合的国力は「人口総数」とその「結束力」の乗数に比例するからである。

その典型例がスイスだろう。スイス国軍の平時の最高指揮官は大統領だが、有事には連邦議会が別途最高司令官を選任する。常備軍を構成する職業軍人は四千名程度しかいないが、スイスでは徴兵制度により非常時に予備役を含め二十五万余名の兵力が動員される。

これらの予備役兵士は、平時でも諜報活動から武器メインテナンスまで、スイス防衛の全ての軍事活動に従事している。このような国家に攻め入るためには相当の覚悟が必要だろう。これこそがスイスの真の国力なのだ。

潜在的脅威国を十分抑止する軍事的「能力」がなくとも、自国防衛の強烈な「意志」がある限り、その国は安泰である。これとは逆に、「能力」はあっても「意志」がなければ国家のパワーが機能しないことも厳粛なる事実だ。

典型例が第二期オバマ政権の中東政策である。二〇一三年のシリア軍化学兵器使用の際、武力行使を宣言しながら結局は攻撃せず、二〇一四年にはＩＳによる米国人人質処刑後、及び腰ながら空爆に踏み切った。これでは誰も米国など信用しない。

「人口減少」日本の安全保障

このように、「人口減少」の安全保障政策に及ぼす悪影響は無視できない。同時に、「人口減少」だけが安全保障政策を弱める要因ではなく、知恵を出せば問題の解決も不可能ではないだろう。そうであれば、今後の日本の外交・安全保障政策はどうあるべきなのか。

ポイントは四点ある。第一は、経済的要因により増額が難しくなる防衛予算を維持し、日本の防衛力の弱体化を回避することだ。社会保障費の増大は不可避だろうが、それをもって防衛費削減の理由とすることは誤りである。

第二は、量的に増強の難しい自衛隊の防衛力を質的に向上させることだ。その中には陸海空統合作戦能力の更なる向上だけでなく、無人機、無人兵器の開発を含む技術革新なども必要となるだろう。

第三は、日本の防衛力の不足する部分を外交力で補完することだ。その中には、通常の外交活動の更なる活発化だけでなく、既存の日米同盟関係に加えた新たな同盟・準同盟関係を模索する努力が求められるだろう。

最後は、国民の防衛意識の強靭化である。日本は四方を海に囲まれた海洋島嶼国家であり、四方を潜在的脅威国に囲まれてきた大陸山岳国家スイスとは国防意識が異なるのもある程度は致し方なかろう。

しかし、これまで日本を守ってきた海洋が脅威に晒されている以上、日本は海洋の現状維持勢力として、同じく既存海洋秩序の激変を望まない国々との連携を深めるべきだ。これは人口減少に関係なく実行可能な政策である。

偉大な回答よりも正しい質問

以上、マーシャルならこう分析したと思われる手法を用い、日本の人口と安全保障の関係についてネットアセスメントの「真似事」を試みた。正直なところ、どのような手法が最も適切なのかについては全く自信がない。

他方、マーシャルは弟子たちに分析の目的、手法、方向性などを詳しく指示したことはなかったという。どうやらネットアセスメントは、米国の超一流の知識人たちに回答不可能と思えるような知的疑問を与え、彼らの知的能力を最大限吸収することによって成り立っていたようだ。

そうであれば、少なくとも現時点で、ネットアセスメント（総合戦略評価）の概要とは、概ね次の通り纏めることができると考える。

① ネットアセスメントの対象は、自国と潜在的敵対国との軍事的対立・競争の本質と長期的趨勢である。

② その目的は、敵対国との軍事的対立・競争の本質とその長期的趨勢を相手よりも早く特定することにより、相手の長所を避け、短所を攻める準備期間を極大化することで

ある。

③ネットアセスメントとは、一回限りの完結した評価報告ではなく、常に更新が必要な、決して終わることのない、事実上の半永久的な複合的知的分析・評価作業である。

④ネットアセスメントでは、敵対者が「良識があり合理的判断を下す善人」ではなく、「賢いが時にいい加減で、常に合理的とは限らない予測不能のチョイ悪オヤジ」を想定する。

⑤その対象領域は軍事バランスだけでなく、軍事的競争の目的、戦略方針、軍隊編成、基地等を含む軍事態勢、同盟国、兵站能力、近代化努力などを含み、更に、相手の総合的軍事競争能力に影響を与える限り政治経済、文化社会、人口、宗教など森羅万象に及び得る。

⑥対象が森羅万象に及び得るのであれば、投入すべき知的エネルギーを最小限とするため、相手国の競争能力に影響を与える要素を正確に特定した「正しい質問」が重要となる。

⑦ネットアセスメントの実行者は、「何をすべきか」を示す「処方」ではなく、「何が起きているか」を示す「診断」に知的エネルギーを集中すべきである。

⑧ その実行者は軍事専門家だけでなく、政治経済、歴史文化等他分野の専門家と、様々な異なる分野の専門的知識にある程度通じたジェネラリストを加えた集団である必要がある。

⑨ その実行者は、思い込みが激しい唯我独尊の専門バカではなく、深い知的好奇心と円満な知的正直さを兼ね備え、理論より現実を優先する知的柔軟性に富んだ知識人が望ましい。

⑩ 最後に、ネットアセスメントの実行者は、武力ではなく知力によって、敵対者に耐え難いコストと負担を強いることにより敵対者を無力化する「戦士」でなければならない。

以上からわかることは、ネットアセスメントを継続的に実施するためにはとてつもない人的・財政的資源を長期間投入する必要があるということだ。逆にいえば、アンディ・マーシャルのような特別の人間に恵まれたからこそ、米国防総省は四十数年間もの長きにわたりネットアセスメント室を維持できたのかもしれない。

次章では、いよいよこのネットアセスメントを現在われわれが東アジアで直面している問題に応用する方法について論じていく。

第四章　ネットアセスメントを中国へ応用する

第三章ではネットアセスメント手法を概説した。なぜ日本人は今これを学ぶ必要があるのか。それはマーシャルとその弟子たちが確立してきた「米ソの戦略的対立・競争の趨勢評価」なる斬新な手法が近未来の日本の戦略作りに極めて有効だと思うからだ。ソ連に対し使えるならば、同様の共産主義独裁国家である中国と日米との戦略的対立・競争の趨勢評価にも十分応用可能だろう。

第四章では同分析手法を中国に応用することを念頭に、ソ連崩壊後にマーシャルとその弟子たちが行ってきた対中ネットアセスメントを振り返る。幸い最近出版されたマーシャルの伝記に幾つか重要なヒントがある。中国に限定するならば、日本でも一定水準以上のネットアセスメントは十分可能だと確信する。

マーシャルの中国観

第三章ではネットアセスメント、すなわち大国間の戦略的対立・競争の本質と長期的趨勢を総合的に評価する知的作業とは何かを見てきた。しかし、ワシントンでアンドリュー・マーシャルは既に伝説の人物だ。彼のような戦略思想家は当分現れないだろう。今はもうマーシャルの中国に関する総合戦略評価を本人から直接聞くことはできない。

マーシャルの最近の関心が中国に移っていたことは先に述べた。マーシャルの偉大なところは、反中・親中というイデオロギーにとらわれず、科学的・客観的に中国を分析しようという姿勢を崩さなかったことだ。

イデオロギーにとらわれた時、相手の能力を過大評価したり、ときに過小評価したりしてしまう。マーシャルはまた、わからないことをわからないと答える勇気も持ち合わせていた。

以上を踏まえ、本章ではマーシャル式のネットアセスメント手法を現在の日米・中国関係に応用可能かどうか、仮に可能である場合、具体的にどのようなアプローチが適当か等について考えてみたい。最大の問題は、マーシャル本人が引退し、彼が関与したメモ、報告書の類の大半が秘密指定されていることだ。

それでも、クレピネビッチはマーシャルの伝記の後半で何カ所か、マーシャルの中国関連分析を書き残している。また、マーシャルの古いソ連に関する分析の中にも現代中国に妥当するものが少なくない。ここからは、日米・中国の戦略関係の総合戦略評価に関するマーシャルの発想とそれに対する筆者のコメントを記しておく。

① マーシャルの分析対象は大陸間弾道弾をめぐる米ソ間の長期的競争であったが、彼自身は基本的にこの種の競争を平時に相手に対する相対的優位を確立するための作用と反作用の繰り返しだと認識していた。（19ページ：原著の該当ページ、以下同じ）

【（筆者コメント、以下同じ）ソ連と同様、中国の総合戦略評価も極めて長期間の、かつ見直しに次ぐ見直しを必要とする知的努力になるだろう。】

② ソ連が予想よりも早く米国の核兵器独占状態を打ち破ったのは、ソ連の極めて効果的なスパイ活動によるところが相当程度多かった。（17ページ）

【過去数十年の中国の軍事技術や知的財産権に関する対米スパイ活動に鑑みれば、現在の米国の対中優位はそれほど長く続かないかもしれない。】

③ マーシャルの報告書はソ連の指導者たちが、米側文民・制服政策決定者が一般に想像するような「全知全能の恐れを知らぬ敵対者」では必ずしもないことを強調した。（39ページ）

マーシャルは、「ライバルは合理的に行動する」という想定自体が敵対者の実際の行

動とは異なることを増々認識するようになった。(42ページ)

【ソ連の場合と同様、中国人民解放軍も全知全能の軍事集団ではあり得ないだろうが、だからこそ、中国側のどこが優れており、どこがいい加減であるかを正確に見極める必要がある。】

④ ソ連の戦略態勢の変化を検証した結果、マーシャルはソ連の軍事態勢が、整合性の極めて高い少人数グループではなく、巨大な官僚組織内部の意思決定の結果として変化した可能性が高いと結論付けた。(45ページ)

マーシャルは、如何なる巨大組織も一貫性を持った合理的な行動をとることが難しいと増々考えるようになった。(59ページ)

【これもソ連の場合と同様、正確な評価のためには、人民解放軍の軍事態勢の変化と中国の官僚組織内部の非効率の関係を正しく評価する必要がある。】

⑤ マーシャルは、物資の不足などソ連軍の態勢に悪影響を与えるような様々な制約を含め、ソ連内の組織の意思決定方法を研究することほど、八〜十年後のソ連軍の態勢を

予測する上で有効な方法はないと確信した。（46ページ）
【中国の党・政府内、特に人民解放軍内部の意思決定方法を知ることは極めて重要である。】

⑥ CIAはソ連の軍事支出がソ連経済に与える負担の高さを大いに過小評価していた。（84ページ）
【対中関係も最終的には、中国経済に対し軍事支出がどれだけ負担を課すか、人民解放軍の軍拡を中国経済がどこまで支えられるか、という問題に帰着するだろう。】

⑦ いずれの側も精密誘導攻撃を完全に実施できる場合、敵に対する「情報上の優位」を確立することが死活的に重要となるだろう。（202ページ）
マーシャルは一貫して、現時点で（米中間に）成熟した「軍事技術革命」体制は成立していないが、一度相手側が米国と同様の大規模な精密誘導攻撃能力を持つようになれば、かかる体制はいずれ実現するだろうと見ていた。（207ページ）
時が経つにつれ、中国の長距離精密誘導攻撃兵器開発により、西太平洋における軍事バランスが徐々に中国にとって有利なものとなり始め、中国がいつの日か米国の同盟国やパートナー諸国に対し強圧的で侵略的な行動をとる誘惑に駆られるリスクも増大するだろう。(236ページ)

【中国が東アジアの情報化戦において米国と対等な能力を持つに至った時、一体何が起きるかを日本は前もって研究しておくべきである。】

⑧　マーシャルは、破壊的な変革期には圧倒的な優位でさえ短期間のうちに消滅することも理解していた。(220ページ)

【結局は、中国が米国に追いつく可能性とスピードをどう考えるか、という問題に帰着する。】

⑨　マーシャルの関心はデータ、特に中国の長期的目標、戦略的文化、歴史および進化する中国人民解放軍の軍事能力に関する経験則に基づいた研究にあった。(238ページ)

マーシャルは、中国式思考方法がソ連式よりも米国人にとって更に未知なるものであること、更に、中国の政治・軍事の指導者の思考様式に関する識見の一部は公開情報

から取集可能だと考えていた。(239ページ)
【マーシャルには中国文化や社会に関する基本的知識が欠けていたが、この点で一般的日本人は、日中の歴史的、地理的近接性と漢字の使用により、マーシャル以上に中国関連知識を持っている可能性が高い。】

⑩ ポスト冷戦期の中国が米国など諸外国と付き合う際の大戦略は三つの格言に要約される。
—世界的覇権国家との対立を回避すること
—中国の総合的国力を構築すること
—前進は段階的に行うこと
(243ページ)
【正にこれが中国式の大戦略であり、こうした中国側の考え方が今後変化するか、変化するとすればどの程度かを正確に見極める必要がある。】

⑪ 中国の指導者はアジア太平洋地域における中国の覇権を戦うことなく確立したいと望

んでいる。仮にいずれの日か戦争が不可避となる場合、人民解放軍は、情報化戦を駆使して決定的瞬間に敵の急所を攻撃する秘密兵器を開発する策略により、「最初の戦闘の前に勝利する」ことを計画している。特に相手が米国のような技術的に進んだ国家である場合、人民解放軍の理論家たちはこれまで以上に、情報化戦に勝利することが「最初の戦闘の前に勝利する」ための鍵となると見ている。（243ページ）

【極めて重要な指摘であるが、日本で行う対中総合戦略評価ではこの点について先入観を持たずに改めて再評価すべきであろう。】

⑫（マーシャルの質問）将来中国を筆頭に多くの諸国が強力な偵察・攻撃能力を保持するとすれば、それは米国の伝統的な兵力投射能力にとって如何なる意味を持つか。また、それは究極的に世界における米国の役割にとって何を意味するのか。（244ページ）

【この点は米国の東アジア、東南アジアにおける前方展開のあり方そのものを変える可能性を秘めており、極めて重要である。】

⑬（中国のA２／AD[6]に対抗する）エアシー・バトルは以下により米兵力投入部隊に対す

る敵の脅威を除去する。

―第一は、敵のC4ISR(7)システムを破壊すること

―第二は、航空機、艦船、ミサイル基地を含む敵の兵器発射装置を破壊すること

―最後に、敵が発射する兵器を破壊すること

(244ページ)

【中国の接近阻止・領域拒否戦略に対する対抗策であり、目新しい点はないが、これらに関する「日米」「中国」の軍事能力の評価が対中総合戦略評価の核心となるだろう。】

対中ネットアセスメント

これだけでも、マーシャルが一九九〇年代以降、中国に対し並々ならぬ知的好奇心を持ち続けたことが分かる。マーシャルとその弟子たちは、ソ連崩壊後の早い段階から中国がアジア太平洋地域での米国の覇権に挑戦する可能性を感じていた。これらの知見を踏まえて、現在の日米・中国間の戦略的対立・競争の本質と趨勢についての評価を推測してみよう。

①　現時点で米国は中国に対する戦略的優位を保っている。

②　但し、将来中国が米国と同等の精密誘導攻撃能力を持つようになれば、米国の戦略的優位が急速に失われる可能性がある。

③　その場合、西太平洋における軍事バランスが徐々に中国に有利となり始め、中国が米国、同盟国、パートナー諸国に対し強圧的、侵略的行動をとるリスクも増大する。

④　その可能性に備えるべく、マーシャルは人民解放軍の軍事能力だけでなく、中国の長期的目標、戦略的文化、(8) 経済・社会・歴史・文化などの分野にも関心を向けた。

⑤　米国は人民解放軍の力を過大評価すべきでなく、中国社会での軍人の低い地位、腐敗した軍事組織、特に指揮命令系統のあり方、党と国家の関係などを十二分に研究すべきだ。

（6）　A2／AD：Anti-Access/Area Denial（接近阻止・領域拒否）米国の敵対国・勢力が自国や紛争地域への米軍の接近を阻止し、同地域での米軍の自由な行動を拒否・阻害するために用いる軍事戦略を米国では一般にA2／ADと呼ぶ。

（7）　C4ISR：指揮（Command）、統制（Control）、通信（Communication）、コンピューター（Computer）、情報（Intelligence）、監視（Surveillance）、偵察（Reconnaissance）

（8）　人民解放軍の戦略・戦術文化についてはMichael Pillsbury: Chinese Views of Future Warfare（http://www.au.af.mil/au/awc/awcgate/ndu/chinview/chinacont.html）が詳しい。

⑥　中国のポスト冷戦期の基本戦略は、米国との対立を回避し、その間、中国の総合的国力を拡大し、進軍等の新たな動きが必要な場合は時間をかけて段階的に行うことである。

⑦　中国の最終目的はアジア太平洋地域での中国の覇権の再確立であるが、政治指導者は可能な限り「戦わずして」それを実現したいと望んでいる。

⑧　戦争が不可避となれば、人民解放軍は情報化作戦を駆使し決定的瞬間に敵の急所を攻撃する秘密兵器により、「最初の戦闘の前に勝利する」ことを考えている。

⑨　この中国の戦略に対抗するため米軍は、敵のC4ISRシステムを破壊し、航空機、艦船、ミサイル基地を含む敵の兵器発射装置を破壊し、敵が発射する兵器を破壊する。

『孫子』を読んでいた米軍関係者

振り返ってみると、思い当たるフシが沢山ある。一九九〇年代中頃にクレピネビッチと初めて会った際に軍事技術革命（MTR）を議論したことは既に触れた。二〇〇五年秋、外務省を退職し初めて国際会議に出席したジュネーブで米国防大学の中国研究者に出会った。彼は今米軍関係者が真剣に読んでいるのは『孫子』だと教えてくれた。有名な「孫子の兵法」ともいわれる兵法書である。

筆者が笑いながら、日本で『孫子』はビジネス指南書だと言うと相手は目を丸くしていた。彼の名はマイケル・ピルズベリー、「ヨーダ」マーシャルの弟子の一人であることをクレピネビッチの著書で知った。ピルズベリーはワシントンで一貫して反中姿勢を貫いてきた確信犯だが、マーシャルにとっては数少ない中国専門家の一人だったのだろう。

いずれにせよ既にマーシャルは引退した。国防総省にネットアセスメント室は残ったが、米官僚組織にマーシャルに匹敵する人材は残っていない。そうであれば、もう米国には頼れない。日本も、というか日本こそ、自らの国益のために日本から見た「日米」対「中国」の戦略的対立・競争の長期的趨勢を評価すべき時期に来ているのではないか。

そもそも日本国内に中国・日米間の総合戦略評価を長年研究している組織はあるのだろうか。寡聞にして知らない。そんな話は聞いたこともない。防衛省の分析は軍事的側面が中心だが、歴史や政治経済、更には地理・文化なども含めた総合戦略評価は難しい。他方、大学の東アジア研究では「日米・中」の軍事バランスの総合評価など不可能だろう。

中国に関する総合戦略評価を日本で行うには、長期にわたって膨大な人的、財政的資源を投入する必要がある。だが、中国の台頭は既に現実であり、日本にはあまり時間が残っていない。そこで本書では、限られた紙幅の中で、今後この種の総合戦略評価を行う際に必要不可欠の「正しい質問」とその「当面の回答」を考えてみた。

中国に関する正しい質問

中国に関する「正しい質問」とそれに対する現時点での筆者の見立てを順不同で挙げていこう。

① 中国政府・中国共産党の長期的目標は何か

（筆者の答え、以下同じ）顧みれば、現代中国のトラウマの原点は一八四〇年のアヘン戦争だった。爾来中国は欧米・日本から歴史的屈辱を受けてきた。今中国はこの恨みを晴らそうとしているらしい。しかし、アヘン戦争の屈辱だけなら一九九七年の香港返還で一応決している。されば、経済成長が進んでも、中国庶民の心は晴れていないのかもしれない。

② 中国の最終目標は中華勢力圏からの外国勢力の放逐なのか

中国が伝統的中華勢力圏の回復を目指している可能性は高い。より重要な問いは「中国が敵対的外国勢力をどこまで放逐するつもりなのか」という点だ。単に明朝、清朝時代の栄光を取り戻すだけで満足するのか、それとも、次の問いとも関連するが、伝統的中華勢力圏を更に拡大したいのかは、現在も不明だ。

③　中国は南シナ海、東シナ海等での制海権回復で満足するのか

中国の最終目的は「第一列島線」内の覇権回復なのか、それとも最後は「第二列島線」まで覇権の範囲を拡大し、米軍をフィリピン、韓国、沖縄、日本本土から撤退させるまで満足しないのか。後者であれば、米中のガチンコ対決は不可避となるだろう。中国のA2／AD能力と戦略的文化に関する正確な評価・分析を行う必要がある。

④　中国経済は人民解放軍の軍拡を支えることができるのか

対中ネットアセスメントの核心がこの問いだ。中国政府の最終目的は、軍事的覇権の確立よりも、十三億国民の生活水準の向上であろう。だからこそ、中国は現在も採算度外視でエネルギー・食糧などの戦略的に重要な資源を死に物狂いで確保しようと

しているのだ。更に、中国の近未来には人口高齢化の恐怖がある。人口ボーナス効果が消えた今、中国に残された時間はあまりにも短い。

以上に比べれば、「中国共産党による指導はいつまで継続するのか」、「習近平体制は盤石なのか」といった問いは、大国間の戦略的対立・競争の趨勢を評価する上で必ずしも最優先事項ではない。対中ネットアセスメントが巨大国家の戦略的趨勢を扱う以上、無駄な質問に有限の資源を浪費することは控えるべきだ。続いて人民解放軍について考える。

⑤人民解放軍の情報化戦遂行能力は米軍を凌ぐことができるのか

情報化戦の分野は米中の戦略的競争の最前線であり、状況は文字通り日進月歩、最先端技術の飽和度を考えれば、長期的に中国が米国に追い付くのは時間の問題だろう。この点は次章でも詳しく触れるので、ここでは一般論だけ述べておく。中国が長距離精密誘導攻撃能力の面で米国に追いつく（すなわち、軍事技術革命が成熟期に入る）段階になれば、一瞬の判断ミスや対応の遅れで誤算による衝突発生のリスクはこれまで以上に高まるはずだ。

⑥　人民解放軍はプロフェッショナルな軍隊になれるのか

少なくとも解放軍関係者はそう考えているだろう。人民解放軍は二〇〇四年に「新世紀新段階我軍歴史使命」なる文書を発表し、

●中国の国益が領土、領海、領空の範囲を超え、海洋、宇宙空間、電磁空間にまで拡大していること
●人民解放軍が国家安全の利益（国境）だけでなく、国家発展の利益（国益の境界）をも守る使命を持つこと
●共産党の指導的地位強化のため解放軍がその役割を拡大すること、
●軍拡よりも経済成長を優先した従来の方針を転換し、経済成長のため自国の領域を越えた、より大きな役割を解放軍に認める

と宣言した。

あれから既に十年が経過している。人民解放軍が東アジアの米軍とのギャップを埋めつつあることだけは間違いないだろう。近い将来中国が、質はともかく量の面で、相当程度技術的に米国に追い付く可能性を考えておく必要があるかもしれない。

⑦　人民解放軍は本当に強いのか

マーシャルらが正しければ、中国はアジア太平洋地域での覇権を「戦わずして」獲得することを望んでいる。「戦いたくない」のは、恐らく「まともに戦えば負ける」からだろう。だからこそ、戦争が不可避なら、サイバー戦と宇宙での情報化戦で敵の急所を叩き、「最初の戦闘の前に勝利する」しかないのだろう。

以下、もう少し詳しく掘り下げてみよう。

人民解放軍の実力

二〇一四年は日清戦争勃発から百二十年の節目の年だった。反腐敗運動の高まりもあり、中国では人民解放軍内の不正・腐敗が有事の戦闘能力に及ぼす悪影響を懸念する声も高まった。当時のロイター電は、解放軍幹部・国営メディアなどで、「戦争になっても勝てないのでは、との疑念も出ている」とすら報じていた。

人民解放軍の機関紙「解放軍報」だけでなく、中国共産党の機関紙「人民日報」までもが日清戦争の敗因を分析していた。当時の党内・軍内・学会でも一八九四年の時点で圧倒的に優勢とされていた清帝国が日本に敗れた理由は何か、その教訓に学ぶべきだとの論調が少なくなかったようだ。各種報道から幾つか具体例を挙げよう。

●甲午（日清）戦争に敗れた真の原因は、清朝の政治体制・官僚制度・軍隊が腐敗・堕落していたからである。（「光明日報」）

●明治維新後に「殖産興業」を進め、西側資本主義の社会制度を導入した日本に対し、清が一八六〇年代に展開した「洋務運動」は社会制度に触れず、改革の効果も日本に及ばなかった。（社会科学院研究者の発言）

●甲午戦争の敗勢は、根本的に清の内政・外交の全面的な失敗が引き起こした。今日の中国も当時と同様、全面的な改革が歴史的任務であり、改革の成否が国家の未来を決める。（「第一財経日報」）

●海洋権力の喪失が近代中国の落後を加速させた。海洋強国を建設する歴史的使命は、既に現代中国人の双肩にかかっている。（人民解放軍後勤学院教授の発言）

ロイター通信が報じた人民解放軍の腐敗

こうした中国内の状況を当時の北京発ロイター通信英語版記事(9)が次のように伝えている。

●東・南シナ海をめぐり周辺国との緊張が高まる中国で、最近人民解放軍の不正・腐敗に対する懸念が高まっている。

●現職・退職幹部や国営メディアからは、あまりの堕落ぶりに戦争になっても勝てないのではないかとの疑念も出ている。

●中国政府系メディアはここ数カ月、人民解放軍ではびこる汚職と、軍の腐敗が百二十年前の日清戦争における中国の敗北につながったことを関連付けた記事を相次いで掲載している。

●軍の腐敗体質は、谷俊山・元総後勤部副部長と徐才厚・元共産党中央軍事委員会副主席の収賄容疑という二件のスキャンダルにより改めて浮き彫りにされた。

●軍高官らが懸念するのは、中国で長年にわたり公然の秘密となっている幹部ポストの売買だ。こうした悪弊が優秀な人材の排除につながっているからである。

●軍の元幹部で論客として知られる羅援は「腐敗幹部が現れ続ければ、軍にいくらお金を投じても足りないだろう」と指摘した。
●同元幹部は、「徐才厚や谷俊山のような腐敗幹部が吸い上げたお金は数億もしくは数十億元になる。これで何機の戦闘機が作れるのだろうか。腐敗を取り除かなければ、戦う前に敗れるだろう」と述べた。

イラク正規軍と同じ病根

当時の反腐敗キャンペーンの一環と切り捨てることは可能だ。しかし、筆者は同記事を読んで思わず「イラク正規軍と同じだ」と唸った。これには若干注釈が必要かもしれない。

当時筆者の念頭にあったのは、二〇一四年六月十日にイスラム過激派組織ＩＳ（当時は「イラクとシャムのイスラム国」）がイラク北部の同国第二の都市モスルを制圧した事件だ。

二〇一一年末に米軍がイラクから撤退した際、イラクには米軍が巨額の軍事費を投入し、八年間手塩にかけて育て上げた正規軍が存在した。イラク中から優秀な人材を集め、人種や宗派に関係なく養成したベストの人材を管理職に登用した。恐らく当時新イラク軍はア

(9)　二〇一四年八月十八日付北京発ロイター通信英語版記事
http://www.reuters.com/article/2014/08/18/us-china-corruption-defence-idUSKBN0GI1Z220140818

ラブ諸国で最も強力な軍隊だったろう。

そのイラク国軍の精鋭部隊を当時のヌーリ・マリキ首相が滅茶苦茶にしてしまった。国防相を兼任していた同首相は、人事権を濫用してスンニー系・クルド系の優秀な各部隊司令官をことごとく更迭し、同首相に近い無能のシーア派軍人を任命したからだ。

もちろん、彼らの目的は贈収賄によるイラク国軍の私物化である。米軍撤退後三年にして、イラク国軍は不正・腐敗に塗れた「汚れた軍隊」に成り下がってしまったのだ。当然、各部隊の兵士たちはやっていられない。イラク人たちはこんな汚れた連中のために命を賭ける気など更々ないからだ。

そこにISがシリアからイラク北部に帰ってきた。イラク政府は数日間の戦闘でモスルを守る正規六個師団の多くの兵員と装備を失った。六個師団といえば正規軍全兵力の約四分の一だが、理由は戦闘による破壊と戦死ではない。下級兵士の大半は軍服を脱いで実家に帰ってしまった。イラク正規軍は戦わずして「蒸発」したのである。

この話、限りなく人民解放軍の現状に近いのではないか、と懸念するのは筆者だけではなかろう。中国の識者の中には、「十九世紀末当時の清朝の軍隊に存在する問題はその多くが今と似ており、それはコネを利用する点や、派閥、腐敗等が含まれる」といった辛辣な意見すらあるそうだ。

彼らは、「拡張と現代化（明治維新）の時期の日本軍隊は規律と責任感を強めたため、清朝の北洋艦隊を粉砕できた」と考えている。清朝軍隊とイラク正規軍と人民解放軍。これら三つの軍隊組織には、気味が悪いほどの共通点がある。だが、三者の共通点はこれに止まらない。

急激に拡大した軍の弱点

もうひとつの重要な共通点は「軍隊の急激な拡大と近代化」だ。イラク正規軍もたった八年間で米軍と同じ最新装備を持つ近代的軍隊に変貌を遂げた。見てくれは確かに良くなり装備品も大きく変わったが、所詮中身は同じイラク兵士だ。そんな複雑で高価な装備品をイラク人が一朝一夕で使いこなせるようになるとは到底思えない。

最新兵器を持つ新しい部隊の数が急激に増えても、全体の戦闘能力は直ちに向上しない。それどころか、新装備、新編成、新戦術に習熟するにはざっと五年十年の時間がかかるといわれる。そもそも、既に不正・腐敗で大幅に士気が低下していたイラク軍は、保持する立派な装備品に比例するような強力な軍隊にはならなかったのだ。

このことは現在の人民解放軍にも言えるのではないか。最近、南シナ海や東シナ海で米海軍や海上自衛隊・航空自衛隊に対する様々な嫌がらせが起きている。このように短期間で急激に拡大したが兵員の錬度が追い付かない未熟な軍隊ほど危険なものはない。やはり、歴史は繰り返すのだろうか。

日清戦争直前、日本の陸上部隊は国軍として編成・装備が統一され、訓練・士気ともに高く、質的に清国軍を大きく凌駕していた。これに対し、清国本来の正規軍である八旗と緑営の軍制は乱れ、精神的にも腐敗堕落し、アヘン戦争、太平天国の乱などを通じて、もはや軍隊として機能しなくなっていたという。

更に、当時の日本海軍は清国艦隊に総隻数、総トン数、巨大戦艦の数などの面で劣っていたものの、部隊の士気、技能、指揮統率面で清国海軍よりも遥かに優れていた。これに対し、数で勝る清国海軍には旧型艦艇が多く、訓練・士気ともに劣り、指揮権も訓練も統一されていなかったそうだ。

陸上自衛隊の様式美

以前静岡県御殿場にある陸上自衛隊国際活動教育隊の訓練を見学したことがある。PK

O活動に投入される隊員の訓練のレベルは筆者の想像を超えていた。例えば、自動小銃への実弾の装塡・抜弾訓練だが、二人の陸自隊員が代わる代わる、一つ一つの確認動作を「お経」のように唱えながら、黙々と装塡・抜弾を繰り返していた。

筆者も中東では米国、英国、豪州など各国軍隊の実弾装塡・抜弾作業を何度も見てきたが、これほど美しい動きは見たことがない。これはもう、単なる装塡・抜弾動作ではなく、「茶道」、「華道」のような「様式美」のレベルに達している。これこそ実弾の「装塡道」と「抜弾道」だ。これを中国人が真似するのは恐らく無理だろうと思った。

たまたま居合わせた豪州軍人にも聞いてみたが、豪州でこれほど深く（in depth）装塡・抜弾動作を訓練することはないという。陸上自衛隊の人に聞いたら、「それはそうでしょう。でも日本人がやると、どうしても様式が出来てしまうのです」、と笑っていた。これが日本の自衛隊の士気と規律の根源だと実感した次第である。

もちろん、百二十年前と同じことが繰り返されるとは思わない。現在の人民解放軍がイラク正規軍レベルだとも言わない。しかし、百二十年前の清朝軍レベルからあまり変わっていない可能性は十分ある。マーシャルがソ連軍の錬度につき「彼らは全知全能ではない」と指摘したことを思い出した。それでも人民解放軍は活動を続けている。だから怖いのだ。

敵対者を「チョイ悪オヤジ」と想定する

ネットアセスメントでは、敵対者が「良識があり合理的判断を下す善人」ではなく、「賢いが時にいい加減で、常に合理的とは限らない予測不能のチョイ悪オヤジ」を想定する、と先に述べた。

中国の行動は予測不能であるとしばしば指摘される。しかし、そもそも国家や組織とは必ずしも合理的判断を下すとは限らない、というのが四十三年間、様々なパワーゲームを観察・分析し続けてきたマーシャルの結論であることを忘れてはならない。最近南シナ海で中国人民解放軍が巨大な人工島を次々と作り出していることと、中国がそのＡ２／ＡＤ遂行能力を高めつつあることは表裏一体の関係にある。中国に対する米国防総省型ネットアセスメント（総合戦略評価）の応用といった一般論はこのくらいにして、次章では南シナ海での米中対立の最前線を見ていくことにしよう。

第五章　中国が狙う対米「第二ラウンド」

第五章では東アジア地域、特にその海上での中国の活動を取り上げる。中国が二十一世紀に入り、特に自己主張を強めつつある理由は一体何なのか。ここでは、その動機の根源が英国に香港を奪われたあの屈辱的なアヘン戦争のトラウマにあるとの仮説に基づき、現代の中国台頭の歴史的背景を検証する。

特に、興味深いのはロシアとの相似性だ。中華民族主義（華夷思想）と時代錯誤的帝国主義の衝動という点では、欧州の陸とアジアの海、という違いはあるものの、中露は本質的に同じだろう。両国に共通するのは、西洋による歴史的不正義を力で変更しようとする不健全で時に暴力的な排外的民族主義に基づく現状変更の企てである。

二〇一五年スパムメール大賞

まずはここで以下のメールを読んでほしい。二〇一五年上半期に筆者のメールアドレスに届いた二十七件のスパムメールの中で筆者が最優秀賞に選んだのがこれだ。幸い、文章に若干不自然な部分があることに早い段階で気付いたので大事には至らなかった。どこの誰が送り付けてきたかは知らないが、最近のサイバー攻撃能力は実に巧妙化・高度化している。

【スパムメール例1】

件名：改めて取材のお願い（毎日新聞・●です）
差出人：●俊光〈toshimitsu_XXXXXX@fastmail.com〉
送信日時：２０１５年６月９日

宮家邦彦　様
毎日新聞の●です。

先日お願いした取材のお願いですが、ご都合はいかがでしょうか。

せっかくの機会ですので、慰安婦問題を含めた日韓、日中関係などについてインタビューさせていただくことでどうかと考えています。

日中については、先生が座長を務められた歴史共同研究をはじめ、いろいろ伺ったことがあります。

ご検討をお願いいたします。

取材申込書を添付致しますので、
ご検討いただければ幸甚に存じます。

パスワードは、interview です。

…………………………

〒100-8051
東京都千代田区一ツ橋1-1-1
毎日新聞社論説委員
　　　　●俊光
電話　　03-3212-12XX
ファクス　03-3212-03XX
cell　090-8722-62XX

まず驚くのは宛先が筆者の実名であることだ。昔は不特定多数に送り付けることが多かったが、最近はこの種のメールが増えている。差出人も実在の人物、直前毎日新聞の別の記者から取材を受けたばかりで、思わず添付ファイルを開きそうになった。思い止まった理由はパスワードだ。新聞記者がパスワード付文書を送り付けるなんて聞いたことがない。

【スパムメール例2】

件名：【機2】送付_4月20日第6回日米安保協議概要（未定稿）
差出人：〝●●　健介（内閣府）〟（XXXXcao@excite.co.jp）
送信日時：2015年4月20日 11:04:57
宛先：XXXXX@hotmail.com
2個の添付ファイル
4月20日第6回日米安保協議概要（未定稿）.zip（175.1 KB），日米安保協議概要new.zip（154.5 KB）

宮家 邦彦 先生
メールで大変恐縮です。お世話になっております。
宮家先生ほかからいただいたご意見を踏まえて一案作成させていただきました。
（修正履歴のわかるものと、見え消しのないものと両方送付します）
また、できればお時間をいただいてご相談できればと思います。
取り急ぎ？
●●　健介　拝

●●　健介
内閣府政策統括官（併）大臣官房総務課
〒100-8904　東京都千代田区霞ヶ関3-4-4
TEL：03-3584-09XX（直通）内線452XX
E-mail:XXXXcao@cao.go.jp

これも良く出来ている。「取り急ぎ」の後に「？」がなければほぼ完璧だろう。内閣府の八人の政策統括官はそれぞれ経済財政運営、経済社会システム、経済財政分析、科学技術政策・イノベーション、防災、原子力防災、沖縄政策、共生社会政策を担当しており、「日米安保協議」に関するメールなど来るはずないのだが。それにしても、実に尤もらしいスパムメールだ。

ちなみに、この手のメールとしては「【資料送付】国際総合事務局交流報告書0403（金）」という件名のメールが実在しない「外務省政務官国際総合事務局」発で送られてきたこともある。幸い、同事務局の住所が「永田町2-4-4　内閣府庁舎別館4階」となっていたので、直ぐに偽メールと分かったが、これも素人には判別が非常に難しいだろう。

最後にご紹介するのが次のメールだ。偽のアウトルック・セキュリティ・サービスが、「お前のアカウントが不正使用されたのでパスワードを再設定せよ」と警告してくる。これで筆者の実名が宛先になっていれば、筆者でもコロッと騙されていたかもしれない。よく考えればあり得ないふざけたメールなのだが、これも実に巧妙なスパムである。

【スパムメール例3】
件名：パスワードを再設定
差出人：windows live（XXXX_services@hotmail.com）
送信日時：2015年5月22日　10:40:30
宛先：XXXX@hotmail.com（XXXX@hotmail.com）
Outlookをご利用いただきありがとうございます。
最近、他のユーザーがあなたのパスワードを使ってOutlookアカウント（XXXX@hotmail.com）にログインしようとしました。

Outlookでは、このアカウントへのアクセスが不正使用のおそれがあるため、このログインをブロックしました。ログインの詳細について、以下の情報をご確認ください：
5月21日水曜日　午前10:45 JST
ＩＰアドレス：157.7.112.68X（v157-7-112-68X.z1d13.static.XXXX.jp）
場所：日本
このログインに心当たりがない場合は、他のユーザーがあなたのアカウントにアクセスしようとした可能性があります。今すぐアカウントにログインして、パスワードを再設定してください。
パスワードを再設定
今後ともよろしくお願いいたします。
Outlookアカウントチーム
このメールアドレスでは返信を受け付けていません。詳しくはOutlookアカウントのヘルプセンターをご覧ください。

以上長々とスパムメールの話を書いた理由は他でもない。現代の大国間競争の主戦場がサイバー空間であることを読者に知ってもらいたいからだ。国内のサイバーオタクが筆者のような外交評論家のメールアカウントに興味を持つとは思えない。筆者を狙ってくるとすれば、それは諸外国、特に近隣のサイバー大国である可能性が極めて高いだろう。

南シナ海での米中衝突？

なぜ、サイバー戦が重要かは第四章で既に述べた。中国は最近南シナ海や東シナ海等の近接海域全体の実効支配を強化しようとしている。これらの海域は中国の領海ないし接続水域であって、諸外国、特に米国海軍による接近は許したくない。そのため中国は様々な布石を打っている。その象徴が尖閣諸島への接近や南シナ海での人工島作りだろう。

これに対し、米国は中国による「接近阻止・領域拒否」策を突破し、伝統的海洋国際法が認める公海（及びシーレーン）上の航行の自由を維持すべく対抗措置を強化しつつある。最近の南シナ海の人工島をめぐる米中の鬩ぎ合いの本質は、同地域のシーレーンを誰が管理するのかという問題に帰着するのだ。

ここでいう「接近阻止・領域拒否」とはAnti-Access/Area Denial（Ａ２／ＡＤ）の訳語であり、一般には、米国の敵対国・勢力が自国や紛争地域への米軍の接近を阻止し、同

中国の第一、第二列島線と「真珠の首飾り」

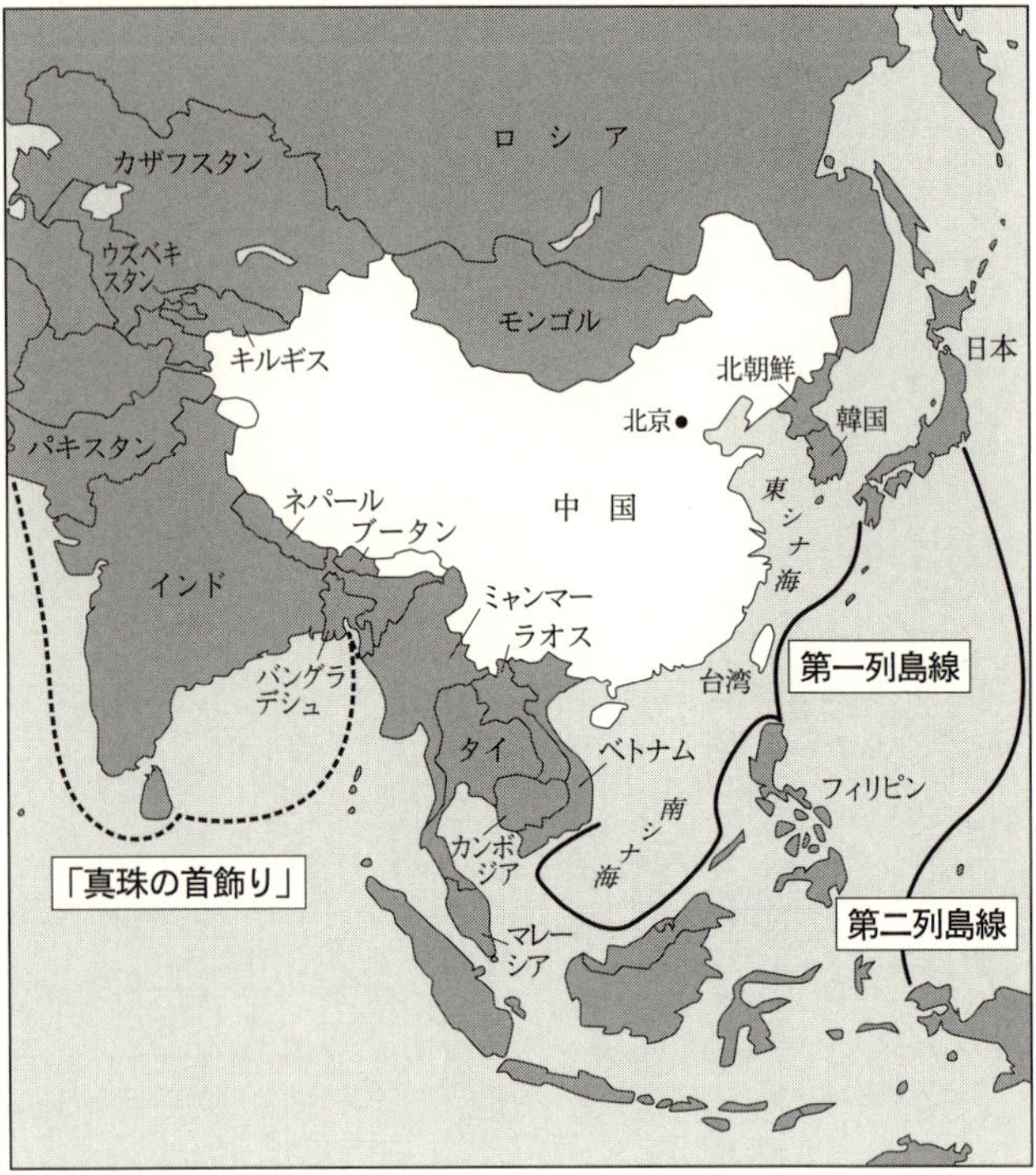

(米国防総省：Military Power of the People's Republic of China 2008(10)
などをもとに作成)

(10)　25ページ　http://www.defense.gov/pubs/pdfs/China_Military_Report_08.pdf

地域での米軍の自由な行動を拒否・阻害するために用いる軍事戦略を意味する。南シナ海全体が領海だと主張する中国に対し、米国の国防総省が採用するのがA２／AD対策なのだ。

真珠の首飾りと第一列島線

「真珠の首飾り」。英語では「Strings of Pearls」。

マーシャルの国防総省ネットアセスメント室（ONA）が二〇〇五年国防コンサルタントBooz Allen Hamiltonに「アジアにおけるエネルギーの未来」と題する部内報告書の作成を依頼したといわれているが、その中で初めて使われた言葉がこの「真珠の首飾り」なる言葉だ。

報告書の内容は、中国がそのエネルギー権益を守るため、南シナ海から中東に至るシーレーンに沿って各国との戦略的な関係を構築し、各地で海軍基地を確保する「真珠の首飾り」戦略を採用しつつあるというものだが、中国自身がこのような言葉を用いたことはない。しかし、爾来この言葉は独り歩きを始め、南シナ海からインド洋に至る中国海軍力の増強のみならず、中国の対インド包囲網の象徴としても使われるようになった。

ご存じの通り、シーレーンとは、安全保障や通商上、重要な意味を持ち、有事に際して確保すべき海上交通路を指す。中国の経済発展に必要なエネルギー消費量は年々増加する一方だ。南シナ海を通過する年間五兆ドル以上もの貿易品の中には、中国の原油輸入の四分の三以上が含まれる。中国には是が非でも南シナ海におけるシーレーンを支配したいという事情があるのだ。マーシャル率いるＯＮＡは、既に二〇〇五年の段階で東アジアとインド洋を結ぶシーレーンと中国の問題を重視していたのである。

一方、第一列島線、第二列島線という概念は、中国人民解放軍海軍が一九八〇年代に使い出した言葉だ。当初は軍事に特化したものだったが、近年新たな意味合いを持ち始めている。第一列島線は、九州に始まり、沖縄、台湾、フィリピン、ボルネオ島にいたるライン。第二列島線は、伊豆諸島に始まり、小笠原諸島、グアム、サイパン、パプアニューギニアに至る。

米中の電子戦、サイバー戦、スペース戦

中国は、第一列島線を対米防衛線として、有事にはここに制海権・制空権を確保して中国の領土と海洋権益の保全を目指すもの、としている。中国では、かつて歴代王朝との朝貢貿易関係にあった地域を「戦略的辺境」と考え、その圏内の海洋権益や安全保障を自らの手で守ろうという姿勢が根本にある。それがこれらの海域での執拗な海洋調査活動や防衛活動へとつながっているのだ。

それでは南シナ海で米中は衝突するのか。その場合、日本は戦闘に巻き込まれるのか。筆者の見立ては楽観的だ。現在の中国人民解放軍にはいわゆる「第一列島線[11]」から米海軍を放逐する実力はない。また、近い将来、中国側がそれを可能とするような攻撃・支援・兵站能力を獲得する見通しもない。そのような状況が続く限り、中国側から米側に対し武力攻撃を仕掛ける可能性は極めて低いはずだ。だからこそ、中国側は今南シナ海で人工島を数多く作り、これらの能力を強化しようとしている。特に筆者が注目するのは中国側のC4ISR能力だ。人民解放軍の情報化戦には指揮（Command）、統制（Control）、通信（Communication）、コンピューター（Computer）、情報（Intelligence）、監視（Surveillance）、偵察（Reconnaissance）能力の強化が不可欠である。

最近の南シナ海をめぐる米中の軋轢は単なる陣取り合戦ではない。現在両国はこのよう

(11) 第一列島線：九州を起点に、沖縄、台湾、フィリピン、ボルネオ島に伸び南シナ海をほぼ包含するラインであり、中国人民解放軍海軍・空軍の作戦区域・対米国防ラインとされる。

な電子戦、サイバー戦、スペース戦などの能力を駆使した情報化戦の初動において、相手側の能力を無力化し、自らの作戦を完遂して勝利するための競争を日々繰り広げている。このような視点から最近の南シナ海をめぐる米中関係を改めて振り返ってみよう。

人工島建設をめぐる米中の攻防

二〇一五年四月二十七日にニューヨークで開かれた日米安全保障協議委員会（「2＋2」閣僚会合）は新たな日米防衛協力の指針を取りまとめた。翌二十八日には訪米した安倍晋三首相がホワイトハウスで二時間にわたる日米首脳会談を、更に二十九日には米連邦議会上下両院合同会議での演説を、それぞれ行った。過去十年間でこれほど良好な日米関係を見たことはない。

これに比べれば米中関係は正反対、過去十年間で最悪に近いレベルにある。その後ケリー国務長官が訪中し、五月十七日には習近平・国家主席と会談を行ったが、目立った成果はなかった。それどころか、五月三十日のシャングリラ会合では人工島建設の即時中止を求めたカーター国防長官と中国側の議論は全く噛み合わなかった。

四月末からの約一カ月間、米中関係は再び試練の時を迎えたようだ。南シナ海での中国による人工島建設については既にその概要に触れているが、ここでは四〜五月に報じられた米中関係者の主要発言を時系列に取り纏め、人工島建設問題をめぐる米中関係の実態を更に詳しく検証する。

◆アシュトン・カーター国防長官はスプラトリー（南沙）諸島で中国が埋め立て領有を主張する人工島の十二カイリ以内に艦船や偵察機などを投入することを検討するよう関係部局に指示した。（二〇一五年五月十三日付「ウォール・ストリート・ジャーナル」報道）

【（筆者コメント、以下同じ）すべてはこの五月十三日のWSJ記事で始まった。米国防総省の人工島周辺十二カイリへの船舶・航空機派遣の検討状況が理由もなく公表されるはずはない。さればこの記事は国防総省筋の意図的リークだろう。同日上院外交委員会の公聴会が開かれたことも決して偶然ではない。米側は公式発言と情報リークで中国側にメッセージを送ったのだ。】

◆岩礁の上にいくら砂を積もうとも、領有権は強化されない。主権を築くことはできない。（五月十三日上院外交委員会公聴会、ラッセル国務次官補）

◆我々は中国の行動のペースや性格が潜在的に地域の安全を崩壊させかねないと懸念している。中国の行動と拡大するプレゼンスは間違いなく事故や誤算がエスカレートするリスクを増大するだろう。（五月十三日同公聴会、シア国防次官補）

【ラッセル国務次官補もシア国防次官補も両名とも筆者の旧友であり、極めて優秀で日本語も堪能な米国務省出身の外交官だ。筆者の知る限り、彼らはハッタリなど言わない。ここは、ケリー国務長官訪中の直前、米国政府全体として、中国の人工島建設による南シナ海の現状変更は決して認めないとの強い立場を改めて明確にしたと見るべきだ。】

◆米国は中国による埋め立てのペースや規模を懸念している。中国に緊張緩和のため行動を取るよう求める。（五月十六日共同記者会見、ケリー国務長官）

【ケリー長官が中国側に対し人工島をこれ以上拡大しないよう強く求めたことは十分想像できる。その時点で米側には「人工島周辺への艦船・航空機の投入」を強行する意図はなかったようだが、米国はいずれ必ずこれを実行する。勿論、中国政府のメンツを考え、対外的に公表することはせず、中国側だけに内々の警告メッセージを送るだろう。】

◆中国が自国の主権と領土を守る意志は岩のように固い。南沙諸島での建設は中国の主権の範囲内だ。（五月十六日共同記者会見、王毅・外交部長）

【米側の意図は中国もお見通しだろうが、王毅・外交部長の発言に特別な意味はない。中国の外交部長には既存の政策を実施する権限しかなく、新たに政策を変更する権限などないからだ。ケリー長官もそのことはよく承知しているので、米中外相会談自体には期待していなかっただろう。】

◆米国は領土問題で中立な立場を取ることを約束したはず。言動を慎むべきだ。中米関係と南シナ海の安定に資することをやってほしい。（五月十六日、范長竜・中央軍事委員会副主席）

【この中央軍事委員会副主席の発言は中国お得意のいつもの「ハッタリ」だ。少なくとも、米側がそのような約束をしたことはないが、逆にいえば、中国側も今回ばかりはオバマ政権の態度が意外に硬く、何らかの対中政策変更を行った可能性を懸念しているのかもしれない。】

◆（米中関係は）全体的に安定している。新型大国関係は所期の成果を得ている。意見の食い違いを適切に処理し、両国関係の大局が妨害されるのを回避しなければならない。広々とした太平洋は中国とアメリカという二つの大国を収めるに十分な空間がある。両国が同じ方向に向かい、よく意見交換と対話を通して、信頼を深め、不信を解消させ、協力を強化し、新型大国関係を構築するという正しい方向に向かって両国関係を前進させるべきだ。（五月十七日、習近平・国家主席）

【これら習主席の発言はいずれも中国国営メディアの報道によるものだが、実は肝心なこと、目新しいことは何一つ言っていない。これで米中関係が好転したなどと考えるのは早計に失する。他方、中国側に態度変更を強いるためには習主席自身に直談判する必要がある。このことを米側は既に学んでいるはずだ。】

◆中国籍の六人が米半導体メーカー二社から機密性の高い無線通信技術を盗んだとして産業スパイ罪で起訴されたと発表した。（五月十九日、米司法省発表）

【米企業の機密技術が中国政府の支援を受けた組織に盗まれること自体は珍しくないが、

今回注目すべきは発表のタイミングだ。また中国側も現在調査中としつつ、起訴内容自体は否定していない。ここでも中国側には開き直りが感じられる。】

◆南シナ海における埋め立てのペースと規模、その軍事化の見通し及び、そうした活動が領有権主張国間の誤算や紛争のリスクを高めることを米国は深く懸念している。領有権主張国に対し埋め立ての即時かつ永続的な中止を求める。（五月三十日、カーター国防長官）

【訪中したケリー長官が習近平・国家主席に対し、「人工島工事を中断しなければ、ネガティブな結果を伴う」程度の要求をぶつけた可能性は十分ある。だが、似たようなやりとりは二〇一三年六月のカリフォルニアでの米中首脳会談でも見られた。習主席は今回も「ゼロ回答」を繰り返した可能性が高いだろう。】

◆人工島建設は中国の主権の範囲内であり、合法で正当かつ合理的な活動だ。また、埋め立ての目的には軍事・防衛上のニーズも含まれる。（五月三十一日、孫建国・中国人民解放軍副総参謀長）

【このように米国の公の場での中止要請を公然と拒否する人民解放軍の姿は異様だ。これまでとは質的に異なる、強い敵意と意志を感じる。いずれにせよ、中国側が新たに作った人工島にレーダーや艦船、航空機、ミサイルなどを徐々に配備していくことは時間の問題だろう。】

◆米政府は、政府職員の人事情報を管理するシステムがサイバー攻撃を受け、約四百万人分の個人情報が流出した可能性があると発表した。(六月四日、米連邦政府人事管理局発表)

【報道では中国による攻撃の可能性が取り沙汰されたようだが、流出自体は本年四月に起きており、これが中国による最近の米政府の一連の強硬姿勢に対する報復だとは思えない。しかし、中国側は米国政府職員の巨大なデータベースを一体何に使うのだろうか。】

◆サイバー攻撃は匿名性を持ち、国をまたぎ、元をたどるのが難しいという特徴がある。米側発表は無責任で、非科学的だ。米国は疑い深く、雲をつかむような不確かな話をしないよう望む。(六月五日、中国外交部報道官)

【興味深いのは、従来であれば事実無根と即座に否定する中国政府が今回は全面否定しなかったことだ。ここにも中国側に一種の開き直りが見られる。中国側が自らのサイバー攻撃能力の更なる向上に自信を深めているのだとしたら、要注意である。】

中国は虎の尾を踏んだのか

国連海洋法条約第六十条第八項は、「人工島、施設及び構築物は、島の地位を有しない。これらのものは、それ自体の領海を有せず、また、その存在は、領海、排他的経済水域又は大陸棚の境界画定に影響を及ぼすものではない」と規定している。だが、中国は南シナ海で同条約に基づく議論を拒否しているし、そもそも米国は同条約の締結国ですらない。

ただ、一つだけ確かなことがある。最近の南シナ海での中国の現状変更の規模とペースは明かに米国の許容限度を超えつつある、ということだ。なぜ中国はそんなに急ぐのか。将来の国際交渉に備え既成事実を積み重ねているとの説もあるが、元々中国には南シナ海の領土を交渉する気などないはずだ。

やはり一連の中国による人工島建設の目的は南シナ海における物理的プレゼンスの拡大と政治的意思のデモンストレーションだろう。更に、将来はこの人工島を中心に人民解放軍空海軍の航空機・ミサイル・艦船・情報化戦の拠点と位置づけ、中国のA2／AD能力の更なる向上を考えているとしか思えない。米側も当然そのように見ているはずだ。

そうだとすれば、最近の人工島建設をめぐる米中関係の険悪化は、米中双方の海洋戦略に歴史的転換を強いる可能性がある。習近平・国家主席は自覚していなくても、今回の一件で中国が従来注意深く避けてきた米国の「虎の尾」を踏んでしまったかもしれないからだ。このことは、当然ながら日中関係にも大きな影響を与えるに違いない。

第一回安倍・習首脳会談

ここで日中関係につき簡単にまとめておこう。第二次安倍内閣発足当時、中国でも習近平体制が発足した直後だった。当時の中国は「日本を孤立させ、日米を離反させよう」と画策したが、結果は逆に日米の結束が深まってしまった。東南アジアでも同様に、フィリピン、ベトナムに対し強面策を仕掛けたが、逆にASEANが結束してしまった。

日本の孤立を図ったが、逆に中国が孤立したという訳だ。北京がようやくこのことに気付いたのは二〇一四年の夏だったと思われる。その後中国はそれまでの対日政策を一部修正し始めた。二〇一四年十一月以来、日中関係改善は、徐々にではあるが、確実に進んでいるようだ。

たまたま筆者は二〇一四年十一月七日に開かれた日中シンポジウムに参加しており、そうした中国側の変化を肌で実感することができた。当日は夕方あたりから集まった日中関係者たちの周辺がにわかに騒がしくなった。聞けば、内外のメディアが「首脳会談の実現に向け、日中両国政府が四点からなる合意文書を発表した」と報じ始めたという。

過去数年間、この種のシンポジウムでは、中国側が日本の歴史問題と尖閣問題を執拗に取り上げ、日本側がその防戦に努めるという、実に生産性の低い議論を何度も繰り返してきた。それが今回は誰もが、「良いニュースだ、本当に嬉しい、日中相互批判は止めよう、関係改善に期待する」とすら言い出した。

一体どの報道が正確なのか？

この変わり身の早さには内心驚いた。一体何が起きたのか。その時点では誰も「四点合意」の詳しい内容など知る由もないはずだが。それどころか、今もその「日中合意」なるものの詳細を知る人は殆どいない、とすら思っている。その理由を説明すべく、まずは当時の関連報道に目を通していただきたい。

◆「両国関係を良好な発展の軌道に戻す必要な一歩だ」、「今日、中日両国人民は、双方が四点合意の厳守を基礎に順を追って対話を一歩一歩再開し、中日関係を次第に改善することを渇望している」（二〇一四年十一月八日付「人民日報」、時事通信報道）

◆「中日双方は初めて釣魚島問題について、文字として明確な合意に達した」、「中日関係の現在の政治的行き詰まりの起点を振り返れば、『島購入』（尖閣諸島国有化のこと）の茶番の殺傷力が極めて大きかったことが見て取れる」、「双方は日本側が放った虎を檻の中に戻して閉じ込めなければならない」（同）

◆「靖国神社に言及していないが、『政治的障害を克服する』（ことで合意した点）は明らかに安倍（首相）の靖国参拝を束縛したものだ」（十一月八日付「環球時報」、時事通信報道）

◆「双方が釣魚島に対して異なる主張が存在することを認めた」、「これは日本政府が過去に態度表明したことのないものだ」、「日本はこれまで、中国との釣魚島問題に関する話し合いを一貫して拒絶し、釣魚島の主権に関して『争いは存在しない』と公言。双方は釣魚島海域での行動で意思疎通できずに危機をはらんでいた」、「現在、日本は危機管理メカニズム構築に関して中国と協議したいと望んでおり、これは釣魚島海域で『新たな

現実』が形成されたと宣告するに等しいものだ」（同）

◆「日中が関係改善に踏み出すことに合意した文書を歓迎する。前向きな一歩だ」、「両国の関係は地域だけでなく世界の平和と繁栄に影響する」（十一月七日、米国務省報道官）

◆両国が一歩ずつ譲歩・妥協したと評価されている。中国政府が首脳会談の前提条件として挙げた「安倍首相靖国神社参拝自制」と「尖閣諸島をめぐる領土紛争の存在を認めること」は含まれていないが、合意文には東シナ海について双方が「異なる見解を有していると認識」し、「政治的困難を克服することで若干の認識の一致をみた」という表現は中国の立場が反映されたものと解釈できる余地は十分にある。（十一月八日付「朝鮮日報」）

◆日本の消息筋の話では、安倍晋三首相が日中首脳会談を実現するため、特使を通じて習近平・国家主席に、「靖国神社に参拝しない」との口答メッセージを伝えた。同消息筋は「日中合意の中の『若干の認識の一致をみた』との部分が安倍首相の靖国参拝中止を意味している」と説明。「両国政府はこれについて文書で残したり、正式に発表したりしないことにしたと聞いている」と述べた。（十一月八日付「中央日報」、時事通信報道）

正に百家争鳴とはこのことなのかもしれない。それにしても、一体どの報道が正確なのだろうか。筆者の見方は次のとおりだ。

四種類ある「四点合意文書」の微妙な違い

「四点合意文書」の基本的性格を考えてみよう。まず、重要なことはこれが外交文書でないことだ。狭義の「外交文書」が国家を代表する者による署名のある、国際法上の履行義務が生ずる「国際約束」であるとすれば、今回の文書は、法的ではなく、政治的な拘束力を持つ「外交的文書のようなもの」としか言えないのではないか。

それが証拠に、そもそも日中両政府が発表した四種類の文言[12]はそれぞれ完全に同一ではない。二〇一四年十一月七日に日本の外務省が発表した和文と英文[13]は、同日中国外交部が発表した中文[14]と英文[15]と一見似ているようで、実は重要部分が微妙に異なっている。「合意ではない」などとは言うつもりはない。ただ、両政府の考え方と表現振りは微妙に違う。

それでは、相違点を具体的に見ていこう。ここでは主要ポイントだけに絞りたい。また、誤解のないように予め申し上げるが、筆者はこの「合意」なるものが間違っているとか、「履行すべきではない」などと主張している訳では決してない。日中関係を打開するためにはこのような文書が必要な場合もあることを指摘したいだけだ。

●「合意」か「意見の一致」か

冒頭日本側和文は、「日中関係の改善に向け、これまで両国政府間で静かな話し合いを続けてきたが、今般、以下の諸点につき意見の一致をみた」と述べ、その後も一貫して「合意」ではなく、「意見の一致」という表現を使っている。

日本側の英語版でも、「Toward the improvement of the Japan-China relations, quiet discussions have been held between the Governments of Japan and China. Both sides have come to share views on the following points:」としており、「agree」ではなく、「share views」で統一している。

これに対し、中国側のフォーマットは日本側と全く異なる。「合意」内容を説明する

---

(12) http://www.mofa.go.jp/mofaj/a_o/c_m1/cn/page4_000789.html
(13) http://www.mofa.go.jp/a_o/c_m1/cn/page4e_000150.html
(14) http://www.fmprc.gov.cn/mfa_chn/zyxw_602251/t1208349.shtml
(15) http://www.fmprc.gov.cn/mfa_eng/wjdt_665385/wshd_665389/t1208360.shtml

だけでなく、その前提となる楊潔篪・国務委員と谷内正太郎国家安全保障局長のやり取りに言及した上で、「双方就处理和改善中日关系达成以下四点原则共识」、すなわち「四点の原則的共通認識に達した」と述べている。

その部分を中国側英語版では、「The two sides reached a four-point principled agreement on handling and improving the bilateral relations:」と訳し、「四点の原則合意に達した」としている。中国側中文の方が日本政府の発想に近いだろうが、中国側英文の方が彼らの本音なのかもしれない。

●「若干の」とは一体何か

最も議論があり得るのは、第二項の「両国関係に影響する政治的困難を克服することで若干の認識の一致をみた」なる部分だろう。「若干の」の部分は、日本側の英語版では「shared some recognition that … they would overcome political difficulties that affect their bilateral relations.」とし、「some」を使っている。

これに対し、中国側中文では「就克服影响两国关系政治障碍达成一些共识」として、「一些」を使っているのだが、中国側の英文では「reached some agreement on overcoming political obstacles in the bilateral relations.」とし、日本側と同様、「some」を使っている。これを如何に解釈すべきか。

中国側の英文を素直に読めば、「両国関係の政治的障害を克服する」ことについて「一定の合意に達した」とも訳せる。要するに、この部分の日中双方の英日中語による四種類の表現は、それぞれ微妙に異なっているのだ。この点については後に詳しく述べる。

●尖閣問題についての「認識」

尖閣について日本側は、双方が「近年緊張状態が生じていることについて異なる見解を有していると認識」としているから、「日中間で見解が違うことは判っている」ということだろう。日本側の英語版でも、「recognized that they had different views」とあるから、ほぼ同じ意味である。

この部分について、中国側中文は「双方认识……紧张局势存在不同主张」としており、やはり「認識」なる語を使っている。だが、中国側英語版では、「acknowledged that different positions exist between them regarding the tensions」と訳している。

要するに「recognized 判っている」ではなく、「acknowledged 認めた」と訳したのだ。「認識」を「単に知っている」という意味に使う日本側と、「意見の違い（すなわち中国側の主張）を認めた」なる意味に使う中国側のニュアンスの差は「微妙」を通り越しているかもしれない。……他にも多くの相違点はあるが、もうこのくらいにしておこう。

「戦略的曖昧さ」が合意に長寿を保証する

二〇一四年十一月七日に日中両国政府が交わした「四点合意」なるものの実態は以上のとおりだ。それでは、宮家ならどう解釈するのか。お前の独断と偏見を書いてみろ、とお叱りを受けるかもしれない。勿論筆者にも個人的意見はあるが、本書で筆者はこれについて「正しい」解釈を書くつもりなど一切ない。

なぜならば、この「合意」または「意見の一致」については、単一の「正しい」解釈など存在しないし、また、そのようなものは存在すべきでないと信ずるからだ。そもそも、外交上の了解や合意には一定の「曖昧さ」が付き物であり、特に重要なものについては「戦略的曖昧さ」が必要となる。

こうした「戦略的曖昧さ」こそが合意や了解に生命を与え、その長寿を保証する重要な要素だ。今回の日中間の「意見の一致」は、過去数年間の意見の相違と摩擦を日中両政府が漸く乗り越え、今後の新しい均衡点へと両国を導く極めて重要な一里塚となり得るものであり、またそうでなければならない。

両国間に「agree to disagree」が必要であることを、日中両国政府だけでなく、日中双方の国民も正確に理解しなければならない。この合意が日中関係の将来に持ち得る戦略的重要性に鑑みれば、今回どちらがより強く原則を貫いたか、どちらがより多く譲歩したか、といった問題など枝葉末節である。

中国「歩み寄り」四つの理由

それでは、あれだけ強硬だった中国が日本に歩み寄りを示した理由は何か。理由は四つ考えられる。

第一は経済的理由だ。日中経済の相互依存はあまりに緊密なので、日本との関係が悪化したことで、中国経済にも悪影響が出てきた。特に中国の地方政府と企業は日本との関係改善を望んでいたので、その声を無視できなくなったのだろう。

第二は政治的理由だ。中国は日本を国際的に孤立化させることで、日米の離反を図ったが、逆に日米の結束は強まってしまった。同じように南シナ海の資源を巡り、フィリピンやベトナムに強面の外交を仕掛けた結果、東南アジア諸国はよりアメリカに頼るようになり、逆に中国が孤立してしまった。それがはっきりしたのが一四年のシャングリラ会合（第十三回アジア安全保障会議〔APEC〕）だった。これで中国は強面外交を当分封印しなければならないと認識したのだろう。

第三は内政が安定したこと。習近平・国家主席は政権が進めている国内の反腐敗キャンペーンの象徴として、中国共産党序列九位の最高幹部・周永康・元中国共産党政治局常務委員を失脚させることに成功した。もし国内の権力闘争が続いていたら、いかにAPECの場といえども、安倍首相と握手する余裕はなかっただろう。

第四はタイミングである。APECのホスト国である中国の首脳が日本の首脳と握手することは何ら不自然ではない。国内の反対派にも堂々と説明ができる。このチャンスを逃すと、日中歩み寄りの機会を設けることは非常にハードルが高くなっていただろう。

その後も、日中関係はゆっくりだが改善しつつある。二〇一五年四月二十二日、バンドン会議六十周年行事出席のためにインドネシア・ジャカルタを訪問中だった安倍首相は習国家主席と、二〇一四年十一月に引き続き二回目の日中首脳会談を行った。米中関係がこのまま緊張し続けるようであれば、中国の対日関係改善基調は当面続くだろう。

国道を有料道路だと主張する中国

再び南シナ海問題に話を戻そう。「公海上の航行の自由を維持する」などと難しいことを言わなくても、現在南シナ海のシーレーンで中国が物理的な力を用い試みていることの異常さは明明白白だ。これまでは誰でも通れた国道の上に中国が検問所を勝手に作り、「今日からこの道路は有料道路だ」と宣言するに等しい。

改革開放政策開始とともに「韜光養晦」[16]を唱えた鄧小平が今も生きていたら、このような人民解放軍の暴挙を許しただろうか。それとも、米国の国力低下を目の当たりにして、鄧小平は「韜光養晦」に代わる新しいスローガンを考え出しただろうか。今となっては知る術がない。

いずれにせよ、今回は米国が珍しく米軍を使って中国に対し「力による現状変更は認めない」との厳しいメッセージを発した。これに対し、中国側が近い将来、具体的かつ強力

(16)　光を韜《つつ》み養《やしな》い晦《かく》す：才能や野心を隠して、周囲を油断させて、力を蓄えていくという処世の姿勢。鄧小平が改革開放政策を進める際、人民解放軍の軍拡よりも国内経済再建を優先させるためのスローガンだった。

な対米対抗・報復措置を取る可能性は低いだろう。二〇一五年九月には習近平が訪米する。今の中国に米国との全面軍事的対決を唱える勇気ある指導者は一人もいないだろう。

ということは、南シナ海の人工島建設をめぐるゲームの第一ラウンドはとりあえず中国側の負けということだ。それでは、米側が中国との全面軍事対決を覚悟していたのかと問われれば、バラク・オバマ大統領にそのような度胸はなかっただろう。中国側の戦略が「米国と対決せず、進軍は段階的に」であることは、当然米側も織り込み済みだったに違いない。

それでは、この米中ゲームは第一ラウンド・米国の勝利で終わるかと問われれば、それも違う。中国は二〇一五年六月のシャングリラ会合で米国に面子を潰された。この屈辱を中国人は決して忘れない。中国は必ずや第二ラウンドで雪辱を果たすと誓っているだろう。南シナ海における米中の確執は今や新たな対立の段階に入りつつあるようだ。

次回こそ米国は中国を物理的に叩くのか、とよく聞かれるが、答えは否だ。米国は対中開戦など全く望んでいない。そもそも一旦戦い始めれば、中国は勝つまで戦争を止めない。兵士の犠牲など彼らの眼中にないからだ。その点は既に日本が経験済であり、米国も知り尽くしている。米国が中国大陸に深く介入する可能性は限りなく低いだろう。

それでは米国は対中譲歩を続けるのだろうか。その答えもやはり否だ。米国の目的は東アジア海上の自由な海洋秩序の維持であって、大陸で中国と戦う気などない。同時に、米国は中国の海洋進出を西太平洋における米国の覇権に対する重大な挑戦と考えており、基本的問題で米国は中国に譲歩しないだろう。米国は両者を使い分けるつもりだ。

いずれにせよ、好むと好まざるとに関わらず、今後の米中関係の行方が東アジアの安定を左右することだけは間違いない。その方向性は日本の安全保障にとっても死活的に重要である。だからこそ日本は、マーシャル流ネットアセスメントを参考に、米中間の戦略的対立・競争の本質と趨勢を見誤らないよう、知的分析作業を続けるべきなのだ。

エネルギーとシーレーン

先ほども述べたように、中国は、その経済発展に必要な資源とエネルギーの多くを、中国の太平洋岸から南シナ海、東南アジアの海峡を通り、インド洋から中東湾岸地域へ抜けるいわゆるシーレーンに依存している。中国のGDPが日本に追いついても、人口が日本の十倍なのだから、一人当たりでは日本の十分の一になったということだ。

だが、あの働き者の中国人が日本人の十分の一で満足するはずはない。仮に十分の二、十分の三になるとすれば、それは中国には、現在の輸入量に加え更に日本二つ分の資源とエネルギーが必要になるということだ。それだけでも膨大な量だが、その追加分を供給できる余剰生産能力を持つのは米国と中東しかない。これがアジアと中東の現実である。

中国にもシェールガスのような新エネルギー源があるではないかとの声も聞く。しかし、筆者の理解では、中国のシェールガスは「深すぎる」だけでなく、「水がなさすぎる（シェールガス掘削では大量の水を使う）」ので、中国の慢性的エネルギー不足を打開する決定打になるとは思えない。

それではシーレーンの確保はどうか。まずは事実関係だが、北東アジアから中東湾岸までのシーレーンを実際に守っているのはハワイに司令部がある米太平洋軍だ。厳密に言えば、太平洋軍の守備範囲は中東湾岸海域の外側のインド洋まで。湾岸内部水域はフロリダのタンパに司令部がある米中央軍の任務領域である。

一方、近年の人民解放軍海軍（PLAN）の作戦能力向上が如何に著しくとも、現時点でPLANが米海軍に代わって西太平洋から中東湾岸までのシーレーンを守ることは不可能だ。但し、米海軍も万能ではない。総計十一個の空母機動部隊で世界中の全ての海域をパトロールすることなどそもそも不可能だからだ。

国益をめぐる米中間の矛盾

米中間の国益の矛盾は近年益々深まりつつある。中国指導者の最終目的は、中国が伝統的に影響力を及ぼしてきた東アジアの中華文化圏から、西洋すなわち欧米勢力を排除することだと思う。これは、十九世紀中頃のアヘン戦争以来の歴史的屈辱を克服することと同じくらい重要な、二十一世紀の中国の新たな国家目的である。

中国がこうした戦略的目的を達成できる最善の国際環境は、欧州方面で米露対立が深刻化し、中東において米国の軍事介入が泥沼化することに他ならない。中国から見れば、ウクライナ情勢の行方は米中露三カ国の相互パワーバランスに微妙な影響を及ぼす可能性がある。だからこそ、米露関係の行方は中国にとっても大きな関心事項なのだ。

幸い、中国の国際問題専門家の多くは未だ中東のことをよく理解していない。中国の中東屋たちは語学の専門家ではあっても、中東の主要プレーヤーと互角に戦う知見を欠いているだろう。現時点では中東における中国の関心は、イラク、スーダンなどこれまで中国がエネルギー確保のため巨額の投資を行ってきた地域での権益確保に止まっている。

しかし、これが何時まで続くかは誰にも判らない。中国が本格的に参入する前に、日本も最低限の基盤を作っておく必要があると思うのだが、現状はあまりにもお寒い。ネットアセスメントによる「日米VS中国」競争の長期的趨勢を総合的に評価する際は、中東地域の原油余剰生産能力をも加味する必要があるだろう。

中華民族主義の復活

第一章では二十四年前に筆者が書いたエッセイをご紹介した。実は、あの文書には続きがある。筆者は東アジアでの民族主義復活の可能性についても予測していた。アジアの共産主義の変質・崩壊に関する見通しは甘かったが、中国が「中華思想（華夷思想）」の下で自己主張を強める可能性を予測していたことは我ながら驚きだ。

2、東アジア地域への波及

ソ連共産主義体制の凋落が中国、北朝鮮、ベトナムといったアジアの共産主義諸国に与える影響は極めて甚大でしょう。これらアジアの「共産主義」独裁体制の変質・崩壊は中長期的にみれば恐らく不可避であり、時間の問題とすら言えるかも知れません（但し、今後「共産主義」に代わる新たな独裁体制がこの地域に生まれる可能性は常にあります）。

興味深いことに、二十四年前筆者は中国共産党がソ連共産党の轍を踏まない可能性に言及していた。考えてみれば、当時は天安門事件発生から既に二年経っており、あの種の民主化運動が成功する可能性は殆どなかったのかもしれない。北京にはゴルバチョフのような政治家など存在し得なかったのだろう。筆者のエッセイにはまだ続きがある。

この地域でも私の大きな関心はやはり「民族主義への回帰」です。これは東アジアの政治的地殻変動が我が国の「安全保障」という戦略的な命題に及ぼす影響の大きさを考えればなおさらのことです。例えば全くの仮定の問題として、非共産化した自由中国、北朝鮮を吸収した統一朝鮮国家が出現し、これらが自由ロシア共和国や自由モンゴルと競合を始めた時、大陸の状況がどうなるかを考えてみて下さい。

勿論、全ての国家が過去の「しがらみ」を水に流し、「自由民主主義」という共通の旗の下、民族自決の原則に基づいて、等しく経済的繁栄を享受出来ればこれに越したことはありません。しかし、私はそこまで楽観的にはなれないのです。歴史的記憶を千年ほど遡るだけでも、長らく不凍港を求めアジア大陸を南下してきた国、常に北方の蛮族に備えながら周辺民族を中華思想の下に置いた国、一時はユーラシア大陸を支配しながらも近世以降はこれら両大国に挟まれてきた遊牧民族国家、長年漢民族と沖の「島国」からの干渉に耐えてきた半島国家等々からなる文字通りの「魑魅魍魎」の世界が再び東アジアに出現する可能性だって十分考えられるのです。

これらの国々がそれぞれの民族的主張を声高らかに唱え始めたとしたら一体どうなるでしょう。——社会主義体制の下ですら「中ソ対立」はありました。両国間の国境紛争が今後再燃しないと誰が保証出来るでしょう。社会主義中国の下で事実上支配されてきた各民族が独立を志向することも目に見えています。民族統一を成し遂げた韓国民は米軍の駐留を今後とも受け入れるでしょうか、それとも民族主義の矛先を日本に向けるでしょうか。——等々不安は尽きません。要するに、自由を回復した勝利の声が一時的に響きわたった後に、現在以上に不確実で不安定な状況がこの地域に再現される可能性は言下には否定出来ないのです。

万一このような時代が再びやってきた場合、日本は如何に生き延びるべきでしょうか。果たして私たちはそのための物・心両面での準備が十分出来ているでしょうか。（以下

略）

残念ながら、当時の筆者の予測は今東アジアで現実のものとなりつつある。一九八九年の天安門事件を乗り切った中国共産党はロシアのような共産党崩壊と民主化失敗を経験しないまま、共産主義イデオロギーから伝統的な「華夷思想」に基づく「中華」民族主義の時代に移行し、軍事力拡大を背景に「力による現状変更」を求め始めた。

一九九一年当時、筆者が予測した「東アジアで民族主義的な感情の矛先が日本に向かう可能性」も同様に現実となりつつある。残念ながら、当時の筆者が予測できなかったことは、中国人民解放軍の近代化の規模とスピードだ。特に、人民解放軍海軍の活動領域の拡大と装備の高度化は筆者の予想を大幅に超えている。

更に重要なことは、中国の新しい民族主義が、アヘン戦争のトラウマを克服し、伝統的中華勢力圏からの西側勢力の放逐を目指していると思えることだ。中国は、近代国際法に基づく国際秩序ではなく、現在の普遍的価値と相容れない、隋唐以来の伝統的「冊封《さくほう》」(17)秩

(17)　冊封とは中国皇帝が朝貢する周辺諸国の君主に官号・爵位などを与えて君臣関係を結びつつ彼らに統治を認める一方、宗主国対藩属国という従属的関係に置く国際秩序をいう。

序の復活を目指しているのだろうが、二十一世紀にこうした秩序を受け入れる国はないだろう。

第六章　「米国の凋落」は本当なのか

これまで述べてきた欧州・中東・アジアの復古的民族主義の対極にあるのが米国だ。米国はほぼ一貫して世界各地の不健全な民族主義的覇権主義に反対してきた。しかし今、その米国の国力・指導力の低下を指摘する声がある。オバマ政権下で米国の凋落は最早不可避なのか。それとも、米国は再び復活するのか。第六章では民族主義という切り口から米国の国力の本質に迫っていく。

広大な領土、豊富な資源、三億を超える人口だけでは超大国は生まれない。米国の強さの源は自由競争と恒常的移民流入による新移民の「知的爆発」、というのが筆者の見立てである。

「米国は世界の警察官になるべきではない」発言の真意

米国衰退論が語られるようになって久しい。その象徴が二〇一三年九月十日の「米国は世界の警察官になるべきではない」なるオバマ大統領の発言だといわれる。だが、筆者はこうした見方に懐疑的だ。そもそも、米国が衰退しつつあるか否かは、このオバマ発言とは無関係、というのが筆者の見立てでもある。まずはその理由から説明しよう。

当時オバマ大統領はこう発言した。

◆多くの人から「我々は世界の警察官になるべきではない」という手紙を頂いた。
As several people wrote to me, "We should not be the world's policeman."

◆その通りであり、私は（武力行使よりも）平和的解決の方が望ましいと深く信じている。
I agree, and I have a deeply held preference for peaceful solutions.

◆そこで私は米議会指導者に対し、我々（オバマ政権）が外交的解決を追求する間、武力行使承認決議案の投票を延期するよう要請する。
I have, therefore, asked the leaders of Congress to postpone a vote to authorize the use of force while we pursue this diplomatic path.

この発言の真意を知るためにはその背景を正確に理解する必要がある。鍵となるのはやはり大統領発言だ。ここでいう決議案とは、一週間前の九月三日の会見で、オバマ大統領が対シリア武力行使を決定した上で、オバマ政権自身の提案として米議会に採択を求めた決議案のことである。九月三日の大統領発言の要旨は以下の通りだ。

◆シリアが無差別に化学兵器を使用し四百人以上の子供を含む数千人を殺害したことを我々は確信しており、これは米国の国家安全保障に対する重大な脅威である。
We have high confidence that Syria used, in an indiscriminate fashion, chemical weapons that killed thousands of people, including over 400 children, and … That poses a serious national security threat to the United States …
◆私は米国が（軍事）行動を起こすべきだと決断したが、同時にそれが国全体としての行動であればより効果的で強力になると信ずる。
I've made a decision that America should take action. But I also believe that we will be much more effective, we will be stronger, if we take action together as one nation.
◆我々は（武力行使）承認決議案を準備しており、議会と協力していく。
And so I'm going to be working with Congress. We have set up a draft authorization.

要するに、オバマ大統領の「世界の警察官」発言は、一週間前に同政権がシリアの化学兵器使用に直面して右往左往し、議会による武力行使承認決議を要請したものの、その要請を大統領が自ら取り下げる際に飛び出したものだ。「衰退」したのは米国による「世界の警察官」としてのパワーではなく、国際政治におけるオバマ外交の「権威」だったのである。

それでも米国の力が低下していることは紛れもない事実だ。されば、ここでは国際政治の覇権争いの歴史を過去二百年ほど振り返ってみたい。

四回目のグレートゲーム

パクス・ブリタニカ（英国の平和〔＝覇権〕）が衰退し、パクス・アメリカーナの台頭が始まったのは第一次大戦後以降だといわれる。その後米国は第二次大戦後のソ連（ロシア）による挑戦（米ソ冷戦）を退け一九九〇年代以降は米国の一人勝ち状態が続いた。現在はロシアの民主化が失敗し、中・印など新興国の挑戦が始まった段階である。

筆者はこうした流れを次のような四つの「グレートゲーム」[18]として説明している。

（18） 一般に「グレートゲーム」とは、中央アジアの覇権を巡るイギリス帝国とロシア帝国の敵対関係・戦略的抗争を指すが、本書では英露に限らず、英米的勢力と非英米的勢力による世界レベルの敵対関係・戦略的抗争全般を表す言葉として使っている。

●第一次グレートゲーム
十八世紀末〜　パクス・ブリタニカ始まる（原動力は産業革命、織物技術、以下同じ）
●第二次グレートゲーム
十九世紀末〜　パクス・ブリタニカの衰退
米・露・独・日等新興国の台頭（鉄鋼・重化学技術）
●第三次グレートゲーム
二十世紀中頃〜　パクス・アメリカーナ始まる（電気、自動車技術）
●米国一極支配の時代
一九九〇年代（コンピューター、情報通信等の技術革新）
●第四次グレートゲーム
二十一世紀初頭〜　中・印等の新興国の台頭（G20への技術の浸透と成熟化）

第四次グレートゲームの特徴は「多国間主義」である。旧植民地という新規プレーヤーの参入が始まり、米国の国力は相対的に低下した。二十一世紀に入り、米国の一人勝ち状態は崩れ始め、多極化が始まった。国際政治・軍事・経済競争にはルールがなくなり、

「弱肉強食」化していく。

一方、国連憲章等戦後国際法によって植民地獲得が認められなくなり、グローバル化による相互依存も進んだため、新興国は第二次大戦前のように独立した経済圏・ブロックを築くことができなくなった。そうなれば、人口、資源、エネルギーを持つ大国が有利となる。当然ながら、人口減の著しい欧州や日本ではゆるやかな衰退が始まった。

新興国の中でもインドや中国の台頭は目覚ましいが、（新興国と呼べないかもしれないが）ロシアには限界が見えている。このような状況の下では、仮に経済システムがG７体制からG20体制に変ったとしても、全体としてみれば、世界の政治・軍事・経済競争の中での米国の相対的優位は変わらないと思われる。

米国はアジアで衰退するのか

二〇一二年一月五日、オバマ大統領は国防総省で「国防戦略指針」を発表した。この新アジア政策は「ピボット」とも「リバランシング」とも呼ばれてきたが、その本質は「アジア太平洋国家」である米国が、東アジア・西太平洋における現状維持勢力として、引き続き同地域の自由で開かれた海洋秩序を維持していく、ということに尽きる。

この「新」アジア政策は、実のところ特に目新しいものではない。この演説の真の意味は、9・11同時多発テロ以降米国外交の重心が中東にシフトし十数年間イラクとアフガニスタンで成果の少ない戦争を続けたこと、更にその間に中国が毎年二桁の軍備増強を続け、アジアでの米国の覇権を脅かし始めたことへの対応を真剣に考え始めた、ということだ。

その意味で冷戦後二十数年間に中国は国力を高め、米国の「テロとの戦い」を巧みに利用し、オバマ政権の足元を見ながら着々と伝統的な中国の地域覇権を回復しようとしているのだろう。しかし、中国が如何に軍事力を強大化させせようと、米国はそれほど脆弱ではない。同国が近い将来衰退に向かうとも思わない。

米国の強さの秘密はその広い国土、豊富な資源、多民族性だけではない。それだけならロシアや中国も米国のようになるはずだが、実際にそうはなっていない。米国の強さは、常に新たな移民を受け入れ、その人々の知的爆発が広大な国土と豊富な資源を活用する世界でもユニークなシステムがあるからだ。ここからは米国社会の強靭性について考える。

民族主義の対極にあるアメリカ

これまで述べてきた筆者の仮説が正しければ、民族主義の台頭は世界的な傾向といえるだろう。欧州、中東、東アジアに共通するのは、多数派の同質性を優先し、少数派の異種性を拒否し、自らの人種や文化の優越性を信ずる、偏狭で差別的、時に暴力的なナショナリズムへの回帰だ。このような民族主義の対極にあるのがアメリカ合衆国である。

米国の歴史は過去数百年間に「旧世界」の様々な国家・地域から渡ってきた移民の歴史だ。当然ながら、自国での耐え難い政治的、宗教的迫害から逃れてきた者もいれば、経済的に困窮し「新世界」で一旗揚げようとした輩もいる。その彼らに共通しているのは、アメリカ合衆国の市民となり、程度の差はあれ「旧世界」の政治的伝統と決別したことだ。

米国に「旧世界」型の民族主義は育たないが、この国は「メルティング・ポット（人種の坩堝）」でもない。米国は多人種国家だが、異人種間の混血は進んでいない。「白人」は勿論、アジア系米国人たちも、アフリカ系やヒスパニック系アメリカ人の増えたダウンタウンから郊外に避難することはあっても、ダウンタウンに戻りたいとは思わないという。

一方、アフリカ系等の少数派はよくこの国を「トス・サラダ（具材にドレッシングを混ぜこんだ〔tossed〕サラダ）」と呼ぶ。だが、なかなかどうして、公民権運動の成果は今花開きつつあるようだし、最近の技術革新のおかげで本来バラバラだったこの国で文化的融合が相当程度進みつつあることも事実だ。それを最も象徴するのがオバマ大統領の選出である。

米国は一種の「鍋料理」だ。肉もあれば野菜もあり、多種多彩な材料の一部はスープに溶け込み、一部は原形を保ちつつ、全体として一つの味を出す「煮込み料理」がこの国の本当の姿だろう。このような「前例のない、実験的」国家である米国が最近の「旧世界」の民族主義への回帰にどう対応するのだろうか。筆者の関心はここにある。

建国前のアメリカ

北アメリカ大陸が巨大な実験的鍋料理だとすれば、当然最初の煮込み材料は当時インディアンと呼ばれた原住民アメリカ人になる。コロンブスが来た後の原住民の歴史は誠に悲惨で、黒人史とともに米国史の恥部の一つだが、ここでは大部分が不幸な形で鍋の中から取り除かれてしまった、と述べるに止めよう。

問題は次に入ってきた人々だ。まず北アメリカ東部に植民したのはイギリス人だったが、実は彼らの移住の動機からして一様ではなかった。一六二〇年に母国での迫害を逃れてきた清教徒のいわゆる「巡礼始祖」がプリマスに移住を開始する前から、南部では国教徒を中心に現生的利益を求めたプランテーション型植民活動が始まっていたからだ。

清教徒といっても、現代風に言えば、一種の「キリスト教原理主義者」。「イスラム国」と変わらないなどというつもりはないが、彼らの理念主義・理想主義は強い信仰に裏打ちされたものだった。彼らの信念が南部奴隷所有者の物質主義・人種差別主義と相容れなかったのも当然だろう。

この「キリスト教的理想主義」と「経済的物質主義」の対立こそ、その後の独立戦争、南北戦争、更には公民権運動を通じて一貫して見られるこの国の人々の二重精神構造の本質であった。その意味で、両者は料理で言えば互いに溶け合えない「水」と「油」のような関係にある。

しかし、同時に、忘れてはならないことは、米国が如何に物質主義・営利主義的であろうとも、一七七六年（独立宣言）、一八六三年（奴隷解放宣言）、一九六四年（公民権法）といったこの国の歴史の節目節目では、限定的な形ではあれ、常に自由、独立、平等、奴隷解放、基本的人権保護等の「原則」の下に理念主義・理想主義が勝利を収めてきたことだ。

このことはとりもなおさず、この国が全く無秩序に形成されてきたのではなく、むしろ「建国の始祖達が一定かつ最低限のルールの下で全く新しい国を造ろうとした心意気」が今日まで脈々と受け継がれていることを示していると言えるだろう。

米国の国家として「一定かつ最低限のルール」は独立宣言の前後約百年間に形成されていったと思われるが、それ以降、この国では建国の諸原則に代表される北部の「理性」と物質主義・営利主義に代表される南部の「本能」との間で、すさまじい「葛藤」が繰り広げられることになる。

筆者はこの「葛藤」こそが現在の米国の原型を形作ったと考えている。ここからはこうした米国内部の「葛藤」、難しい形而上学的なアプローチではなく、北アメリカ大陸で過去数百年間、新天地で苦しみながらも必死で生きてきた無数の移民とその子孫たちの「目」を通して検証していきたい。

移民の知的爆発のパワー

アメリカが移民の国であることは誰でも知っている。だが、移民一世であること、移民の子であること、孫であることがどのような体験であるかは、実地に経験してみなければ分からないだろう。まして、同じ弧状列島に二千年近く住んできた我々日本人にはなかなか想像できない。

アメリカへの移民の実態を少しでも理解するために、ここで読者が米国に到着したばかりの一人の移民になったと想像してみてほしい。

祖国で金持ちであればそもそも米国に移民する必要はないだろうから、あなたがニューヨークのエリス島に着いたときには恐らく「着の身着のまま」だろう。移民には家族がいるケースも多々あったが、あなたの場合は全くの一人、十九歳の天涯孤独の身だ。

勿論あなたのカタコトの英語は全く通じない。時には移民係官があなたの苗字や名前を正確に聞き取れないため、これをデタラメに綴るから、その後あなたはアメリカで不本意な名前を使わざるを得なくなるかもしれない。

ようやく市民権を得て入国しても当然良い仕事はない。新参移民には「きつい、汚い、危険な」仕事だけが待っている。職場では有形無形の差別・迫害に悩まされるが、あなたは自分の夢を実現するため「貧困」の中で死にもの狂いで働く。ようやく生活に慣れた頃、あなたは祖国と言語を同じくする美しい乙女と恋に落ち、そして結婚する。

慣れない英語の環境の下で夫婦は一生懸命働き、子供の学費を作る。子供達は米語が母語となり、社会に自然に融け込むようになるが、あなたはここで大きな決断を迫られる。子供達は完全なアメリカ人でよいのか、それとも祖国の言葉も覚えて欲しいのか。

この答は一人一人の移民により異なる。あなたが祖国で嫌な思い出があれば、子供達には一〇〇%アメリカ人となることを望み、祖国の言葉は教えたくないかも知れない。逆に、あなたが祖国を誇りに思っていれば、是が非でも子供達に祖国の歴史的、文化的遺産を継承してほしいと思うだろう。

また、アメリカ社会であなた達家族に対する差別が非常に強い場合、あなたは心の避難場所として心地よい祖国の文化・宗教に回帰するか、逆にアメリカ社会に完全に同化しようと努めるかも知れない。場合によっては、あなたは軍隊に志願し、戦争で自分の血を流すことによって合衆国への忠誠を証明しなければならなくなるかも知れない。

程度の差こそあれ、アメリカに来た新移民達は一人一人これらの決断を迫られたのだが、多くの場合、第二世代では祖国愛とアメリカ市民という二つのアイデンティティが程良く維持された。残念ながら、こうした法則の例外が日系や中東系のアメリカ人なのだろうが、この点については後述する。

いずれにせよ、あなたの子供達の世代になると、英語は完璧、教育も十分となり、次第に彼らはアメリカ社会の中で「知的離陸」を始める。成功の度合いは様々だが、多くの場合、収入は増加し、一家はスラム街から郊外へ引っ越し、自動車を買って、アメリカン・

ドリームを実践し始める。

あなたの一〇〇%アメリカ人の子供達はいずれは結婚するだろう。相手はまだ祖国を共有する集団内部の男女が多いだろうが、中にはこの小さな集団を離れて既に成功している集団の子孫との恋愛が芽生えるケースがあるかも知れない。

相手の宗教はあなたとは異なるかも知れず、髪の色も目の色も違うグループかも知れない。一部の子供達にとって彼らの祖国はあなたの祖国ではないかもしれず、むしろアメリカこそが自分達の祖国だと言い出し、あなたを悲しませるかも知れない。

更に時代が下り孫の時代になると、あなたが生まれた祖国の記憶は急速に消えていく。一方、アメリカ社会に完全に同化したあなたの孫達は頼もしく、アメリカの生活を謳歌し、中には政治家、弁護士、医者になって社会的に頂点に達するものが出てくるかもしれない。このように移民第三世代になると一種の「知的爆発現象」が起こり得るのだ。

また、その頃あなたは、丁度四十年前のあなたと同じように、単身でニューヨークに入ってくる目も髪も肌の色も全く違う新参移民集団を見かけるようになるだろう。この時あなたは「アメリカにきて本当に良かった」と呟くのか、それとも、あなたを外国人のように見つめる孫達に囲まれ「こんな筈ではなかった」と嘆くのだろうか。

筆者にはこれまで述べてきたような人生がアメリカでの典型的な移民一世の一生だと言い切る自信はない。結局「アメリカ」とは宗教、経済上の夢を実現するためやって来た無数のそれぞれ独立した移民及びその子孫の「集合体」で、アメリカに三億の人間が住んでいれば、同じ数のアメリカン・ドリームがあるに違いないからだ。

ただ、将来のアメリカ社会の変化を予測する際に、絶え間ない一連の「移民の波」の中で「移民の子孫達」がどのような「浮沈」を繰り返してきたかを考えることは、米国の強靭さを知る上で決して無駄ではなかろう。

他方、アメリカ移民といっても、西欧系、東欧系、プロテスタント、カトリック、東方教会系、アフリカ系、中東系、アジア系、ヒスパニックと、その種類は実に千差万別だ。しかも、これら移民集団にはそれぞれ独自の文化があり、移民する時期、規模、環境によってもその彼らの物語は大きく異なる。

例えば、中東や日系の移民は、アフリカ系ほど悲惨ではないものの、新移民が同化していく過程で特に耐え難い辛酸を舐めている。一方、白人系でも今では落ちこぼれも目立っており、アメリカ移民の人生は文字通り多種多様だ。残念ながら、本書でこれら移民集団の全てを網羅することはできない。

ここからは、ユダヤ系アメリカ人に焦点を当て、アメリカ移民問題の本質につき説明を試みたい。筆者がユダヤ系に的を絞った理由は、彼らが先行移民からの執拗な偏見と差別に苦しみながら「アメリカン・ドリーム」の成就に最も成功したグループの代表格だと考えるからだ。

ユダヤ系アメリカ人の真実

アメリカのユダヤ人ほど日本で誤解されている人々はないだろう。昔『ユダヤが解ると世界が見えてくる』などというトンデモ本があったが、あのような出版物のどこが出鱈目かを正確に理解している日本人は、いわゆる知米派といわれる人々ですら、少ないのが現実だ。ここでは多少長くなるかもしれないが、まずアメリカのユダヤ人の歴史を概観しよう。

(1)アメリカ植民時代のユダヤ人
最初のユダヤ人グループがアメリカに来たのは一六五四年で、独立戦争当時既に約二千人のユダヤ人がいたといわれる。彼らの目的は主に商業的利益の獲得だったが、植民地時代のユダヤ人は概して他のキリスト教徒とともに活動の自由を享受し、同時にキリスト教徒との結婚により、急速にアメリカ社会に同化していった。

俗に「聖書のユダヤ教をモデルとした清教徒の神学がアメリカの親ユダヤ的伝統の基礎となった」といわれるようだが、事実はどうも逆らしい。当時のニューイングランドの清教徒達は「清教徒のヨーロッパ脱出は現代の出エジプトであり、ニューイングランドこそが本当のエルサレムである」と信じていた。

彼らは、「自分達こそ真正のユダヤ人であり、聖書に書かれた神との約束の正統な継承者である」と信じていたので、彼らが偽物と考えていた（本当の）「ユダヤ人」に対しては全く敬意を払わなかったという。これこそ筆者が、アメリカは昔キリスト教原理主義の国だったと書いた理由である。

（2）ドイツ系ユダヤ人

次のユダヤ移民の波は十九世紀中ごろの所謂「ドイツ系ユダヤ人」だった。これにより一八六〇年代以降にユダヤ系総人口は十五万人に増え、彼らは専ら衣類製造業、デパート業、小売業、金融ブローカー業等に特化したため、僅か一、二世代でこれらの産業に独自の「ユダヤ人経済ネットワーク」を築くことに成功する。

これは当時まだユダヤ系アメリカ人に対する差別・迫害がそれほど厳しくなく、またアメリカ経済が爆発的発展を遂げていた時代だからこそ初めて可能だったのだろう。しかしながら、その後、彼らもまた、異教徒との結婚により、徐々にアメリカ社会に同化していった。

ここで忘れてはならないことは、当時のユダヤ人がアメリカ社会の中で有形無形の差別に苦しみ、特にアングロ・サクソン系等先住移民の子孫が支配する銀行、鉄道等の主要産業や弁護士業から事実上閉め出されていたことだ。金融業は昔からユダヤ人が支配してきたなどという俗説は、米国に関する限り、事実に反する。

ユダヤ人が小売業、ブローカー業等である程度成功できたのはその産業に反ユダヤ差別が比較的少なかったからである。その点では、初期のアイルランド系アメリカ人が建設業に、スラブ系が食肉業に、フレンチ・カナディアンが繊維業等にそれぞれ特化していったのと基本的には同じ現象だったのだ。

（3）ロシア系ユダヤ人

ユダヤ系アメリカ人の運命を変えたのは十九世紀末からロシア・東欧で始まった反ユダヤ主義の嵐だ。この迫害を逃れて新大陸に経済的利益を求めたユダヤ人は二百万人を越えたと言われる。この所謂「ロシア系ユダヤ人」にとって不幸だったことは、その頃アメリカでも「ドイツ系ユダヤ人」に対する差別、迫害が高まりつつあったことだ。

例えば、当時高金利に喘いでいた中西部の農民達にとっては、ユダヤ系アメリカ人の金融ブローカーが直接の怒りの対象となった。だが、これらのユダヤ人は単なる仲介人に過ぎず、ウォール街の金利水準の決定権は一貫して銀行、保険会社を所有していた先住移民の子孫が握っていた。ユダヤ人の米金融業支配なる陰謀論はおそらくここに端を発していると思われる。

このような迫害に直面し、「ドイツ系ユダヤ人」社会は動揺した。彼らは東ヨーロッパから続々と押し寄せる新参のユダヤ人を何とかアメリカ社会に同化させ、自分達に対する差別がこれ以上拡大しないよう努めた。これは彼ら自身が差別・迫害の対象になることを恐れた、一種の自己防衛本能である。

しかしながら、こうした「ドイツ系」の必死の努力も空しく、二十世紀初めまでにアメリカのユダヤ系社会は変質し始める。同社会の主導権は、それまでの宗教的には改革主義、政治的には穏健主義の「ドイツ系ユダヤ人」から、宗教的にはよりオーソドックスながら社会主義、シオニズム的傾向も強い「ロシア系ユダヤ人」に移っていったからだ。

（4）戦争とユダヤ系アメリカ人

ユダヤ系アメリカ人は一九二〇年代に悲惨な反ユダヤ主義の時代を迎えた。アメリカ経済の景気後退、失業の拡大により特に「ロシア系ユダヤ人」が直撃を受けた。当時の最大の課題は「如何にして彼らがアメリカの忠実な市民であることを証明するか」だった。これを最も効果的に証明する方法が第二次世界大戦への従軍だったのだ。

新移民にとって「従軍」は合衆国に対する忠誠の証明であり、戦闘での英雄的功績こそがアメリカ社会で認知される手段だった。だからこそ、差別に苦しむアフリカ系やヒトラーに敵意を抱いたユダヤ系は勿論、英国を嫌うアイルランド系も、ムッソリーニに近いイタリア系も、反スターリンのスラヴ系もが、こぞって第二次世界大戦に従軍したのだ。

従軍したユダヤ系アメリカ人は五十万人以上だったといわれる。戦争の終了がユダヤ系（及び他の新参移民集団）にもたらした最大の恩恵は一九四四年のGI権利法だ。この法律によりアメリカ政府は帰還兵士に高等教育の機会を無償で与えたのだ。

一九四〇年に二％以下だった高等教育機関でのユダヤ系教員の割合は、一九六〇年代に一部の私立学校を除き二〇％にまで増加する。それまで小売業、仲介業、スポーツ、芸能等に事実上制限されていたユダヤ系の活動範囲はアカデミアの世界にまで広がった。ユダヤ系はようやくアメリカ社会のエリート階層へ駆け上がるための足掛かりを得るのだ。

更に戦争の特需は国内に売り手市場を造りだし、ユダヤ系商業は活況を呈した。この頃からユダヤ系アメリカ人は都市のアパート生活から郊外の一戸建て住宅に移住し始め、中産階級の仲間入りを果たす。こうして、一世代前には考えられなかったユダヤ系アメリカ人の知的爆発が始まった。

但し、この時代でも人種差別は根強く残っていた。当時のアメリカの銀行業、保険業、鉄鋼業、自動車製造業等の主要産業の大企業はユダヤ系アメリカ人を重役として役員会に受け入れようとは決してしなかった。その意味では、第二次大戦後二十年経ってもユダヤ系に対する差別は残っていたのだ。

（5）ユダヤ系アメリカ人の解放

反ユダヤ主義からユダヤ系アメリカ人を真の意味で解放したのはアイルランド系カトリック教徒で初めて大統領になったジョン・F・ケネディだった。ケネディが登用した「ベスト・アンド・ブライテスト」の中にアイルランド系、イタリア系、スラヴ系等の白人系少数派だけでなく、多くのユダヤ系学者が含まれており、彼らは初めて国家権力を行使する機会を得た。

また、一九六〇年代は丁度十九世紀末から二十世紀初めに移民してきた二百万のロシア系ユダヤ人の第二世代、第三世代が「知的爆発」を起こす時期でもあった。彼らは政界、官界、産業界、学界、芸術、報道等の分野で大活躍を始め、いつの間にか人々はアメリカ社会の「ユダヤ・キリスト教的」遺産の継承について議論するまでになった。

元々アメリカは「キリスト教原理主義」の国だった。ユダヤ系アメリカ人はそのアメリカを「ジュデオ・クリスチャン」の国として再定義をすることに成功した。このような政治的成功を成し遂げた移民集団は他に思い付かない。筆者が現代はユダヤ系アメリカ人の民族的エネルギーが頂点に達した時期だと考える理由はそこにある。

しかし、全てが楽観できるわけではない。まず、大活躍をしているといっても、彼らの多くは「仕事師」、「極めて有能なテクノクラート」、「難問を解く名人」にすぎない。真の意思決定権は多数派集団が握ったまま、その一部をユダヤ系アメリカ人に授権したに過ぎないケースも多いだろう。「ユダヤ人の米国支配」といった陰謀論は今も幻想である。

今日ユダヤ系社会が直面している最大の問題はアメリカ社会への同化によるユダヤ人アイデンティティの喪失だ。あるユダヤ系団体の調査によれば、一九七〇年に六百数十万人弱だった全米のユダヤ系人口は一九九〇年の調査でもほぼ横ばいだったそうだが、この一九九〇年の数字は七〇年に含まれなかった異教徒と結婚した人々も含んでいるという。

更にある最新調査[19]でもこの数字は二〇一三年で六百七十万人と横ばいのままだ。異教徒との結婚が更に進んだことを考慮すれば、過去半世紀間に純粋な意味での正統ユダヤ系人口は実質的に減少し続けていることは間違いなかろう。このように現在ユダヤ系社会は急速な米国社会への同化に直面している。ユダヤ系の存在意義自体が問われ始めていると言っても過言ではない。

民族主義の主戦場はワシントン

以上、長々とユダヤ系米国人について書いてきた理由は、こうした彼らの人生が、程度の差こそあれ、十九世紀以来アイルランド系、イタリア系、スラヴ系等の所謂「白人」アメリカ移民にほぼ共通して見られる現象であったことだ。「ユダヤ人の世界支配」などという陰謀論が如何にいい加減なステレオタイプの一般論であるかが判って頂けるだろう。

更に重要なことは、米国総人口の数％に過ぎないこのユダヤ系米国人が現在の米国内で占める政治的地位の高さだ。ワシントンのロビイスト団体米国イスラエル広報委員会（AIPAC）は会員数が十万人、全米に十以上の支部があり、年間予算は五千万ドル以上だ。AIPACの年次総会には大統領・閣僚は勿論、多数の連邦議会議員が駈け付ける。

しかし、こうした現象は何もユダヤ系に限ったことではない。第二次大戦前後の宋美齢（蔣介石夫人）に代表される中国（台湾）ロビーの活躍は有名だったし、この種の活動例はバルト海三国、アルメニア、ウクライナなどワシントンでは枚挙に暇がない。最近では米国各地の韓国系アメリカ人ロビー団体によるいわゆる「慰安婦問題」をめぐる反日活動が活発だ。

韓国系アメリカ人は全米各地で活動している。中でも、「日本海」を「東海」と呼ぶいわゆる「東海併記運動」、日本軍による強制連行があったと非難する「慰安婦の碑・像設

（19）　American Jewish Year Book 2014: The Annual Record of the North American Jewish Communities, edited by Dashefsky, Arnold, Sheskin, Ira

置運動」などが有名だ。二〇一五年四月の安倍晋三首相訪米の際も韓国から来た元慰安婦の女性や在米韓国人ら百三十人がワシントンの米連邦議会前で抗議集会を開いた。

しかし、米国は特定の民族主義に与しない。勿論、「新世界」アメリカには特有の自己主張があるが、「旧世界」の特定の民族主義が全米を席巻することはないのだ。韓国系アメリカ人の努力にもかかわらず、米国の各移民集団の特定の民族主義的感情が連邦政府の態度を決定的に左右することは稀である。米韓関係については次章で更に詳しく検証したい。

いずれにしても、こうした米国社会の持つ強靭な多様性と、移民の子孫による「知的爆発」のパワー、そして常に歴史の節目節目において、自由・独立・平等・基本的人権といった普遍的価値を体現する存在として君臨してきたこと――これらにおいて、米国は今なお圧倒的優位にある。

しかも、米国には広大な領土と豊富な資源に加え、世界の主要言語である「米語」を喋る三億人の人口がある。

その意味で米国は世界的に見ても実にユニークな国家だ。こうした普遍的価値と多様性の原則を手放さないかぎり、米国の落日は遠い、と筆者は考えている。

第七章　新民族主義時代の日中韓関係

第七章では中国の隣国として中国の安全保障に重大な影響を与え得る朝鮮半島を取り上げる。新民族主義時代に入った東アジアで韓国・統一後の朝鮮半島はどこへ行くのか。冷戦時代から培ってきた米韓日の同盟関係はそのまま維持されるのか。それとも、朝鮮半島は日清戦争以前に先祖返りし、再び対中「冊封関係」が復活するのか。

戦略的縦深が浅く地政学的に脆弱なこの半島国家は、過去二千年間、列強間のバランスを取ることで己の安全保障を確保してきたのだろう。この仮説に基づき、本章では朝鮮半島の未成熟な「民族主義」と伝統的な「全方位外交」の歪んだ結合が、韓国・統一後の朝鮮半島の将来に与える影響について考える。

朝鮮民族主義の原点

これまで述べてきた仮説、――すなわち、一九九〇年代以降、それまで冷戦体制によって封じ込められてきた世界各地の民族主義が徐々に復活しているという見方――が正しいとすれば、朝鮮半島でも同様のことが起きているはずだ。本章では今後民族主義的傾向を強めるに違いない韓国が如何なる統一後の朝鮮半島を目指すかに焦点を当てたい。

尤も、この地域の民族主義は他の地域・国家と若干異なり、真の意味で「朝鮮民族の民族主義」が生まれたのは比較的最近のことだ。成熟には程遠いこの若い民族主義はこれからどこに向かうのか。ここでは韓国・北朝鮮のナショナリズムの原点である一八九四年の日清戦争前後の国際情勢を振り返ることから始めよう。

●十九世紀後半、日本が近代化を始めたころ、朝鮮半島には「李氏朝鮮」という王朝があった。李氏朝鮮は、中華の清朝に従属する冊封体制を堅持し、事実上の鎖国状態にあった。

●明治政府は、李氏朝鮮に近代化と開国を求めたが、「小中華[20]」を自負し、中華秩序を国是としてきた朝鮮はこうした日本の動きを悪意ある内政干渉と受け止めた。

●一八七五年、日本の軍艦「雲揚号」と朝鮮の江華島砲台とが交戦した「江華島事件」を契機に日本は朝鮮に開国を迫り、翌一八七六年に両国は日朝修好条規を締結した。

●日本側は自国主導による朝鮮半島の政治改革を目指したが、清側はあくまでも「李氏朝鮮は冊封体制下の属邦」との主張を譲らず、朝鮮半島をめぐる日清の対立は深まった。

(20)　主に朝鮮で唱えられた中華思想の亜型であり、自らを「中国王朝（大中華）と並び立つもしくはそれに次する文明国（小中華）」とする文化的優越思想。

●一八九四年、朝鮮半島で民衆・農民による反乱が続発したため、清は「属領」朝鮮に兵を送り、日本も「邦人保護」を名目に出兵したため、日清戦争が勃発した。

●一八九五年に締結された下関条約（日清講和条約）では、清国が朝鮮を自主独立国と認めたため、日本は清の朝鮮半島における影響力を排除することに成功した。

●一八九七年、朝鮮は国号を「大韓帝国」に改めたが、その前に、清による遼東半島の対日割譲に反発した露仏独の「三国干渉」により、日本は遼東半島を清側に返還した。

●一九〇四年に勃発した日露戦争に勝利した日本は日韓保護条約を締結し、韓国皇帝の下に統監府を置き外交権をほぼ剝奪するなど、事実上韓国を保護国化した。

●一九一〇年に日韓併合条約が締結され韓国は日本の一部となったが、第一次世界大戦後の一九一九年三月一日には大規模な反日独立運動が起きた。

●元朝鮮国王高宗の葬儀二日前に起きた「三・一運動」には二百万人が参加、大規模デモ行進や役所・学校への襲撃事件も発生し、二カ月間で数千名が死亡したという。

猫の目のように変わる朝鮮外交

以上の歴史が示すのは朝鮮半島に住む人々が培ってきた「バランス感覚」の根強さであ

る。例えば、日清戦争直後は清朝を見限った親日「改革派」の勢いが強かったが、「三国干渉」後に日本が後退すると、朝鮮王室は列強同士を牽制することによる独立維持を目指し、今度は帝政ロシアに接近するようになった。

一八九六年には親露の「保守派」が高宗をロシア公使館に移して政権を奪取、高宗がロシア公使館で一年ほど政務を執る事態となった。こうした状況に対し、今度は朝鮮の「独立派」が反発したため、高宗はそれまでの親露姿勢を修正し、翌一八九七年十月に皇帝に即位し、正式国号を朝鮮国から大韓帝国に改めている。

大韓帝国の外交戦略は帝国主義列国の相互牽制により朝鮮の独立を維持することだったが、一九〇五年日露戦争での日本の勝利によりこの政策は頓挫した。その後、日本と朝鮮「改革派」は朝鮮による独自改革は無理と判断して日韓併合を進めた。これに対し、特権を奪われた両班や共産主義者などが始めた朝鮮独立運動が「三・一運動」だ。

朝鮮半島ではこの事件を近代朝鮮民族主義の萌芽とみる。筆者もそれが朝鮮民族の重要な記憶であることは否定しない。だが、これまで見てきたように、朝鮮半島の民族主義は往々にして、終始一貫した方針に基づくよりも、その時々の「強者」の力を利用し列強間のバランスを保つことにより、自らの立場を強化しようとする傾向が強いのではないか。

このように朝鮮外交が猫の目のように変わり続ける理由は何だろうか。なぜ朝鮮外交には基軸がなく、バランスの維持ばかりが重視されるのか。この理由を理解するためには、朝鮮半島地域に住んできた人々の歴史的な環境を考える必要がある。

朝鮮半島の地政学的脆弱性

言うまでもなく朝鮮は半島だ。「半島」とは半分「陸」で半分「島」という中途半端な存在である。しかも、朝鮮民族は隣人に恵まれなかった。北に女真・満州、ロシア、西に中華、南には日本が位置する。地政学的に世界で最も不幸な地域の一つだろう。ここで二千年近く生きてきた民族にとって異民族との付き合いは常に命懸けだったに違いない。

半大陸・半島嶼である朝鮮半島は、大陸国家としては戦略的縦深を、海洋国家としては制海権を有する海域を決定的に欠いている。このような国家は、陸上からであれ、海上からであれ、外国勢力の侵入に極めて脆弱だ。当然ながら、独自の文化を育むことも難しかったに違いない。

このような地政学的脆弱性を有する半島国家の独立を維持するためには、①常に外国からの圧力に敏感であり、②最も強大な勢力との関係を最重視しつつ、③同時にその最強勢力が突然衰退する可能性にも配慮し、④特に、周辺に複数の強国が存在する場合、列強間のバランスを維持することに精力を注ぐ必要があるだろう。

このような半島国家・民族の外交に「基軸」はない。ある強国と下手に「基軸」を定めても、いつかそれが足枷となり他の列強に滅ぼされる原因ともなりかねないからだ。このような半島国家の外交方針は、基本的に「基軸の堅持」ではなく「バランスの維持」とならざるを得ない。その典型例が日清戦争後の朝鮮王室の動きである。

その例外は冷戦時代だ。北朝鮮からの軍事的脅威に直面していた韓国にとっては日米韓三国連携こそが、対北朝鮮に対応するために唯一、機能する安全保障の枠組みだったからだ。しかし、中国型改革開放を断行できない北朝鮮の国力拡大は不可能に近く、万一第二次朝鮮戦争が勃発しても北朝鮮側の軍事的敗北と体制崩壊は不可避だろう。

されば、北朝鮮は韓国に対し小規模の軍事的挑発を続けることがあっても、総攻撃を仕掛けることはない。一方、米韓側から北朝鮮を攻撃することもない。戦争には勝利するが、ソウルは火の海となり、韓国経済が壊滅するからだ。双方が合理的判断を続けるかぎり、今後、朝鮮半島で大戦争が再発する可能性は低いだろう。

韓国外交の迷走

つまり、北朝鮮は韓国にとって危険でありながらも「先の見えたエピソード」となりつつある。これに代わって韓国外交の中心課題となりつつあるのが対中関係だ。これからも韓国は、日清戦争以降考えたこともなかった巨大な隣国中国との安定的関係を再構築すべく、さまざまな選択肢を模索せざるを得ないだろう。

言うまでもなく、東アジア最大の地政学的地殻変動は中国の台頭だ。韓国・北朝鮮を含む周辺国は、この新たな地政学的大変動にこれまでの外交政策を適応させる必要に迫られている。最近の韓国外交の微妙な変化の背景には、このような歴史的直観に基づく計算が働いているとみるべきだ。

誤解を恐れずに申し上げれば、現在の韓国をとりまく国際情勢は百年以上前の李氏朝鮮末期の国際情勢に似ている。最近日本を軽視し始めたようにみえる韓国外交の変化は単なる国内政治的事情だけではなく、最近の中国の台頭に対応した、より戦略的・地政学的な判断に基づくものだ。

それでは今後韓国は中国に擦り寄っていくのか？　それとも日米韓の枠組みを維持しようとするのか？　この両方を維持しながら、日本を孤立させようとした近年の韓国の戦略は失敗しつつあるように見える。そのヒントは二〇一五年四月末の安倍首相訪米前後の韓国外交の動きの中にあった。

評価された安倍米議会演説

二〇一五年四月二十九日、安倍晋三首相は米議会で演説を行った。上下両院合同会議での英語のスピーチはいずれも日本の首相としては初めてのことだ。一部邦字紙や中韓の反応は批判的だったが、欧米主要紙報道は概ね好意的なものであり、米政府も演説を高く評価していた。ここでは代表的な報道例のみを挙げておく。

●同盟国の首相として温かい歓迎を受けた安倍氏は中国に厳しいメッセージを送った。名指しこそしないものの、同首相は「アジアの海」につき「武力や威嚇は自己の主張のため用いないこと」と述べた。Receiving a warm welcome ..., Abe ... sent a stern message to China ... he spoke of the "state of Asian waters," saying countries must not "use force or coercion to drive their claims."（四月二十九日付ロイター）

●安倍氏の演説は、第二次大戦時の旧敵国で現在は最も緊密な同盟国である日米の和解を象徴しており、拍手とスタンディングオベーションで何度も中断された。Abe's speech was a moment symbolic of the reconciliation between former World War Two enemies who are now the closest of allies. He ... was interrupted frequently by applause and standing ovations. （四月二十九日付ロイター）

●マイク・ホンダ下院議員は「（慰安婦に直接言及していない）安倍演説はショッキングで恥ずべきものだ」と述べた。これに対し、スティーブ・コーエン下院議員は「第二次大戦の死と悲しみに関する安倍首相の認識は歴史的で適切だ。女性に関する言及も適切である。（安倍首相は）もう少し踏み込めたかもしれないが、それでも前進しており、賞賛すべきだ」と述べた。Rep. Mike Honda ... said the speech was "shocking and shameful" for omitting direct mention of the issue. ... Rep. Steve Cohen ... said ... "His recognition of the deaths and sorrow that World War II caused was historic and appropriate," ... "His mention of women was also appropriate, and while he could have gone further he went a goodly distance and should be commended." （四月二十九日付 USA Today）

訪米前、ワシントンのアジア村には安倍首相の姿勢に批判的な住人が少なくなかった。

しかし、演説後、彼らの評価は好転したようだ。日頃安倍首相に批判的な識者ですら、「安倍首相は公の場で初めて日本の第二次大戦に関する責任を認め、過去の日本の指導者たちの謝罪を支持した」と述べている。決して悪くない評価だといえよう。

中韓の本音

これに対し、韓国側の反応は予想通り厳しかった。韓国外務省報道官は四月三十日午後声明を発表し、「安倍首相の演説は周辺国との和解をもたらす転換点になり得たにもかかわらず、そのような認識も誠意ある謝罪もなかった。非常に遺憾だ」、「日本は植民地支配や侵略、従軍慰安婦への人権蹂躙を直視し、正しい歴史認識を持って周辺国との和解と協力の道を歩むべきだ」と述べたという。

中国も似たようなものだ。四月三十日朝から中央電視台のニュース番組は安倍首相の発言を紹介しつつ、「演説で安倍首相は侵略の歴史や慰安婦問題について謝罪を拒絶した」と報じた。四月三十日付の国営新華社通信も演説の内容を伝えつつ、「敗戦から七十年の年に日本政府は歴史を正しく省みず、日本の侵略や暴行の事実を隠している」、「謝罪を拒絶し、一部米議員の強い批判を招いた」などと報じた。

ここまでなら、驚くに当たらない。安倍首相が演説で如何なる内容を述べたとしても、中韓ともこれを歓迎するとは到底思えないからだ。敢えて両国に違いがあるとすれば、中国の理由が戦略的、政治的であるのに対し、韓国側の理由がより感情的なものであることぐらいだろう。

一方、中韓には微妙な温度差もある。報道によれば、在京中国大使館報道官は「安倍首相の演説に注目していた」と述べつつも直接の評価は避け、「歴史問題について対外的にどのようなメッセージを発信するかは、日本が平和・発展の道を堅持していけるかの試金石になると思う」などとコメントしたそうだ。

また、報道によればある韓国外務省高官も、安倍演説は「期待外れで失望感がある」としつつ、「表立った（対日、対米）批判はしにくい」と語ったそうだ。以上が事実であれば、実に興味深い。これらの行間から浮かび上がるのは恐らく中韓の本音だろう。

韓国の従来戦術の失敗

安倍首相は米国で「謝罪」や「慰安婦」に言及すべきだったとの批判もある。だが、二〇一五年の訪米の主題は日米二国間関係、特に同盟の増進だ。二〇一四年七月の豪州訪問の際と同様、米国との「歴史的和解」を内外に印象付けることで、今後の東アジアにおける日米豪共同の安全保障政策の実施をより円滑なものにすることが求められていたからだ。

第一に、米側は安倍首相から「謝罪」など求めていなかった。世論調査でも三七％の米国人が「既に日本は十分謝罪した」と答えただけでなく、二四％が「日本からの謝罪は不要」と考えているそうだ。米国人はお人好しなのか、賢いのか、筆者にはわからない。彼らは本能的に「広島・長崎」を想起したのかもしれない。

当然ながら、演説で最も強く「謝罪」を求めていたのは韓国と韓国系アメリカ人だ。しかし、彼らは安倍首相が何を言おうと必ずこれに反対する。その点は中国も同様だろう。そうであれば、安倍首相が「謝罪」に言及してもその限界効用は低かったのではないか。

第二に、韓国は安倍演説に対する米国の評価が高かったため、対日宣伝のあり方を変えざるを得なくなった。だからこそ、彼らはそれ以降、表立った対日、対米批判を控えているのかもしれない。要するに、米国を巻き込んで日本に圧力を掛けるという韓国の従来の戦術が失敗しつつあるということだ。

一方、中国は安倍首相がインドネシアや米国で「謝罪」に言及しないことをある程度読んでいた。中国はそれを承知で日中首脳会談に踏み切ったのだろう。今回の安倍演説についても中国は表面上、メディアなどで従来の対日批判を続けるだろうが、実際には日中関係の一層の改善を引き続き、段階的ながらも模索していく可能性が高い。

最後に、米国の安倍演説に対する評価は間接的に韓国に対するメッセージであったことを忘れてはならない。安倍訪米関連の米側関係者による一連の発言には共通するテーマがある。それは今回の訪米が「和解のモデル」であり、「和解は不可能ではない」というメッセージだ。

いうまでもなく、このメッセージの対象は日本ではなく、韓国だ。韓国政府関係者もそのことは十二分に感じているだろう。だからこそ日韓国交正常化五十周年の二〇一五年六月二十二日、韓国が外相を訪日させ、日本の明治産業施設の世界文化遺産登録の機会に対日関係を動かそうとしたのである。

日中韓の確執二千年

過去二千年間、朝鮮半島はその地政学的脆弱性ゆえに、近隣の列強の干渉に翻弄され続けた。残念ながら、戦略的縦深の浅い半島国家には中華世界を征服する力はなかった。朝鮮半島は、満州と同様、あくまで中華勢力圏の外側でしかなかった。ところが十七世紀に入り、その満州のヌルハチが清帝国を打ち建て、満州族は晴れて中華の一部となった。

中華勢力圏の外縁にあるという点では満州も朝鮮半島も同じだ。しかし、朝鮮は他の外縁国とは異なり、中華王朝に従い積極的に華夷観を受容し中華と同化することで自国の格上げを図った。中華王朝はこれを「小中華」と呼んで揶揄したが、やがて朝鮮半島は自ら誇りを込めて「小中華」と称するようになった。

朝鮮半島の人々は、明代以降の中国が中華文明を失い堕落してしまった、朝鮮半島に本当の中華があり、朝鮮こそが真の中華文明の後継者だと主張するようになった。これは彼らの心の中で、伝統的な対中劣等意識の上に対中優越感を乗せてバランスを図り、もって精神的安定を図ってきた証拠である。

逆に、日本に対しては、海の向こうの野蛮な後進国であり、中華文化を日本に教えたのは自分たち朝鮮半島だという強い自負がある。朝鮮半島はこうした対日優越感を一貫して持っていたが、日清戦争後は日本に併合され、対日優越感の上に対日劣等感が乗るという複雑な関係になった。この微妙な心理を理解しない限り、半島とは付き合えない。

だが朝鮮半島が如何なる優越感・劣等感を持とうと、戦略的縦深のない国家の生きる道は所詮「事大主義」、すなわち「大きい者に仕える」処世術でしかない。繰り返しになるが、冷戦期韓国の最大の脅威は北朝鮮であり、中国ではなかった。北朝鮮からの脅威に対しては米韓同盟、米韓日連携でやっていくしかない。これが冷戦時代の韓国の外交だった。ところが今、北朝鮮は軍事的な脅威ではなくなった。米韓連合軍が本気で北朝鮮と戦えば決して負けないが、その間に北朝鮮はソウルを火の海にすることができる。韓国経済が崩壊することは判っているので、韓国は絶対に対北朝鮮戦争を戦わない。これが、現在の朝鮮半島における抑止の本質なのだ。

対中朝貢関係は復活するのか

韓国にとって北朝鮮崩壊後の朝鮮半島の最大の脅威は中国だ。北朝鮮が崩壊し半島統一プロセスが動き出せば、第二次大戦後初めて、自由で、民主的で、潜在的に反中で、米軍が駐留し、核兵器技術を有する統一朝鮮が中国と直接国境を接することになる。これは統一朝鮮にとっても、中国にとっても、全く新しい戦略環境が誕生することを意味する。

だからこそ、近年韓国は中華世界との関係改善を優先し始めたのだろう。対中関係改善が最優先となれば、良好な対日関係も韓国にとっては優先順位が下がる。米韓同盟すら、場合によっては、対中関係改善の障害ともなりかねない。所詮米国は東アジアの新参者であり、韓国には自分たちが歴史的に中国と同格の小中華だったという自負があるからだ。

東アジアが新民族主義の時代に入り、中国が伝統的華夷思想に回帰すれば、朝鮮半島の住人の歴史的DNAの中にある伝統的な対中「朝貢・冊封関係」志向が再び蘇ってくる可能性は十分ある。東アジアの対中朝貢・冊封関係とは、小国が強力な隣国である中国の潜在的脅威に挑戦せず、名を捨てて実を取る、屈辱的な安全保障確保の手段なのだ。

朝鮮半島の人々は、半島統一の有無に関わらず、中国との良好な関係構築を最優先としつつも、日本や米国、更にはロシアとの関係維持を志向するだろう。この戦略的縦深の浅い半島国家にとって最大の外交目的は、特定の周辺列強との基軸を維持することではなく、全ての周辺列強とのバランスを維持し続けることだからだ。

韓国は民主主義国家であり、米国の同盟国だ。米韓日は普遍的価値と戦略的利益を共有し、中国の海洋における台頭にも共通の懸念を有している。しかし、同時に、韓国は小中華であり、長年中華王朝と一体化してきた歴史を持つ大陸国家でもある。基軸よりもバランスを重視する韓国・統一後の朝鮮がどちらの道も選ばない可能性も考えておく必要がある。

朝鮮半島は、新たな「民族主義的感情」と特定の基軸を持とうとしない「八方美人外交」を組み合わせ、彼らなりのバランス感覚で中国の台頭により生ずる激変を生き延びようとするかもしれない。いずれにせよ、韓国人・統一後の朝鮮人が自らの立ち位置をどこに定めるかは東アジア、特に日本の安全保障にとって決定的に重要な意味を持つことだけは間違いないだろう。

第八章　中央アジアの地殻変動

第八章では、中国安全保障のもう一つのアキレス腱となり得る中央アジアに焦点を当てる。同地域の「ロシア語を喋る」、「世俗主義」の「腐敗気味」の地方政治「エリート」集団は、一九九〇年代初頭のソ連崩壊後に生じた「力の空白」の中で何とか独立を維持した。当時中国にはその空白を埋める実力がなかったためだ。

ソ連崩壊から四半世紀が経ち、中央アジア諸国の一部指導層は世代交代期を迎えつつある。国によっては「事業継承」に失敗するケースも出てくるだろう。ここでも気懸りなのは中東レバント地域と同様のイスラム過激主義と民族主義の融合だ。中央アジアの一部がイスラム過激主義の温床となれば、それは直ちに中国の安全を脅かすからだ。

現在ウイグル系中国人を含む多くの中央アジア出身者がIS（「イスラム国」）に参加し、シリア・イラクで戦闘に従事している。レバントでの戦闘が一段落すれば、彼らは母国に戻り新たなジハードを始めるだろう。第八章では中露の緩衝地帯である中央アジアと新疆ウイグル自治区の不安定化が米中競争の長期的趨勢に及ぼす可能性について考える。

柿田棟アパートの住人

一口に中央アジアといっても、その範囲は広い。ソ連崩壊後に自治共和国だった国々が数多く独立したので、門外漢には多くの国名を覚えるだけでも一苦労だ。そこで筆者は一計を案じ、中央アジアの「スタン」国家は「柿田棟アパート」と覚えることにした。「カキタトウ」「アパ」ート、とは中央アジア・周辺諸国名の最初の文字を並べたものだ。

まず「カキタトウ」とは、旧ソ連自治共和国のうちカザフスタン、キルギス、タジキスタン、トルクメニスタン、ウズベキスタンを指す。続く「アパ」とはアフガニスタンとパキスタンだ。「アパ」は狭義の中央アジアには含まれないが、「カキタトウ」と同様、中国の新疆ウイグル・チベット両自治区と国境を接する地政学的に極めて重要な国である。

二十世紀以前、ユーラシア大陸中央部の内陸地域である中央アジアは「トルキスタン」と呼ばれていた。トルキスタンとは文字通り「テュルクの土地」、テュルク（突厥など）系の諸民族が居住しており、一般には東西に分かれる。西トルキスタンが上述の「カキタトウ」諸国であり、東トルキスタンが現在の新疆ウイグル自治区という訳だ。

更に、UNESCOの定義によれば、中央アジアとは東西トルキスタンだけでなく、モンゴル、チベット、アフガニスタン、イランの北東部、パキスタンの北部、インドの北部、ロシアのシベリア南部なども含まれる。しかし、本書では中央アジアを狭義の「カキタトウ」諸国に限定して説明したい。

この五カ国に限っても、中央アジアの国情はそれぞれ大きく異なる。例えば、人口は多い国でも三千万人弱、少ない国は五百万人程度しかない。資源の有無により一人当たりGDP額も十倍以上の開きがある。独立がソ連崩壊後の「居抜き」だったこともあり、今も多くの国で近代民主主義にはほど遠い権威主義的政権が続くなど問題は山積している。

二〇〇五年にはキルギスで所謂「チューリップ革命」が起きたが、その後も権威主義的統治スタイルはほとんど変わっていない。更に、一部指導層の世代交代も問題だ。カザフスタンのヌルスルタン・ナザルバエフ大統領やウズベキスタンのイスラム・カリモフ大統領の退陣の時期、態様によっては中央アジアに不安定要因が生まれかねない。

中央アジアと中国・ロシア

地政学的に見れば、「中央アジア」はユーラシア大陸のハートランド[21]であった。実際に、大航海時代まではモンゴルなど中央アジアの遊牧騎馬民族がユーラシア大陸を支配した時期もあったほどだ。

ところが、西洋における科学技術の進歩により、「中央アジア」の遊牧騎馬民族の比較優位は急速に失われていく。特に、産業革命以降、「中央アジア」はロシア帝国と中華帝国の狭間に埋没するようになる。

十九世紀に入り、ウイグル（東トルキスタン）を除く「中央アジア」はロシア帝国に組み込まれていき、中露間の緩衝地帯として機能するようになる。一方、ウイグルは中華帝国に併合され、中国最大のイスラム教地域となっていく。

一九九一年のソ連崩壊は「中央アジア」に新たな「力の空白地帯」を生みだしたが、当時の中国にはこのような地政学的好機を活用できず、ウイグルを除く「中央アジア」はそのまま独立が認められた。

最大の問題は、基本的に世俗主義的で、ロシア語を喋り、腐敗し易い権威主義的政権の続く中央アジア諸国が圧倒的多数のイスラム人口を抱えているという現実だ。ソ連時代に抑圧されたイスラム教徒の新世代はこれら世俗主義的政権にどう対応するだろうか。この問題をまず中央アジア地域で最も民主化が進んでいるキルギスを例に考えよう。

---

(21)　Heartlandとは二十世紀初頭の地政学者ハルフォード・マッキンダーが「The Geographical Pivot of History」の中で提唱した概念。当初はpivot areaと呼ばれたが、後にheartlandに統一された。マッキンダーは、世界は海洋国家優位から大陸国家優位と変り、ハートランドを支配する勢力による脅威が増していると主張した。

中央アジア諸国と日本

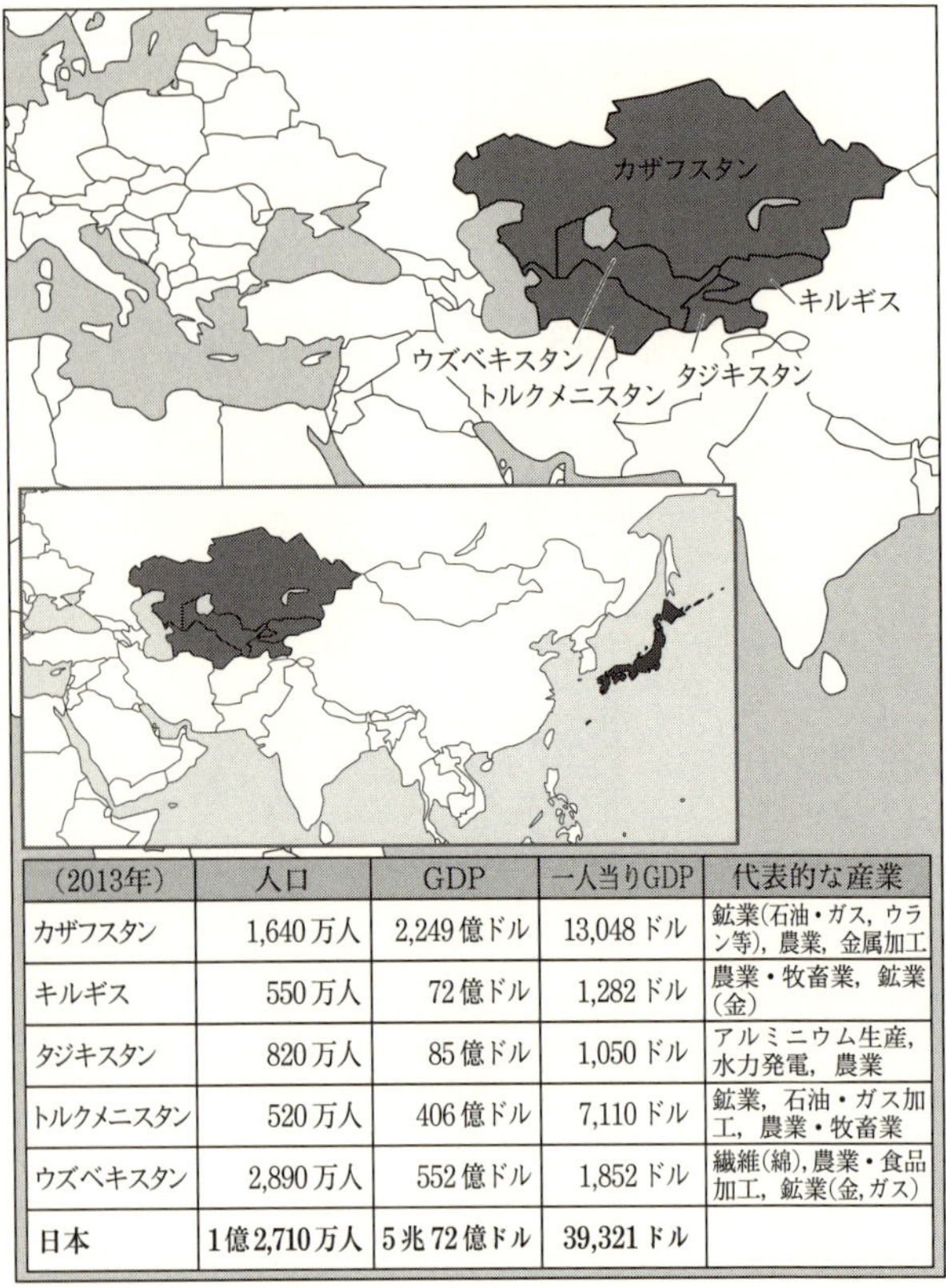

(2013年)	人口	GDP	一人当りGDP	代表的な産業
カザフスタン	1,640万人	2,249億ドル	13,048ドル	鉱業(石油・ガス，ウラン等)，農業，金属加工
キルギス	550万人	72億ドル	1,282ドル	農業・牧畜業，鉱業(金)
タジキスタン	820万人	85億ドル	1,050ドル	アルミニウム生産，水力発電，農業
トルクメニスタン	520万人	406億ドル	7,110ドル	鉱業，石油・ガス加工，農業・牧畜業
ウズベキスタン	2,890万人	552億ドル	1,852ドル	繊維(綿)，農業・食品加工，鉱業(金，ガス)
日本	**1億2,710万人**	**5兆72億ドル**	**39,321ドル**	

(外務省：「『中央アジア＋日本』対話　～10年の道のり」[22] より)

(22)　http://www.mofa.go.jp/mofaj/press/pr/wakaru/topics/vol117/index.html

キルギスの憂鬱

二〇一四年十二月、中央アジアの一部を駆け足で回った。外務省で中東を担当した頃はアフガニスタンとパキスタンにはよく出張したが、その他の「スタン」国家とはあまり縁がなかった。役所では中央アジアが欧州局、新疆ウイグル自治区はアジア大洋州局だが、何故かアフガニスタンは中東アフリカ局の主管だったからだ。

ウルムチ経由でキルギスの首都ビシケクに入り、ごく短時間カザフスタンにも入国した。おかげで中央アジアの現状がようやく少し見えてきた。この地域の本質はイスラム・テュルク系遊牧文化と周辺農耕文化との対立と融合だ。専門家には当たり前かもしれないが、筆者には全てが「目から鱗」の旅だった。

最も印象深かったのはキルギス山岳遊牧民の生活だ。ビシケクから遠く離れた山中で七十歳の老女に出会った。過去数十年間、馬に乗り数十匹の羊とともに山で生活してきたという。その日焼けした顔を見ただけで、この山岳地帯で遊牧を行う人々が生き抜いてきた自然環境の厳しさが伝わってくる。

寒い冬は平地まで下りるが、夏は山の高地、春秋には中低地でそれぞれ羊に草を食べさせる。冬の住居は実に質素な掘っ立て小屋、山岳遊牧民には平地での定住など関心がないのだろう。道理で、キルギスには平地が少なく、南部フェルガナ盆地の大半は農耕民族のウズベキスタンが支配する地域である。

遊牧民の強みはその騎馬能力だ。馬は平時こそ生産手段だが、有事は武器ともなる。土地に執着しないので定住農耕への憧れもない。十七世紀まで中央アジアは騎馬遊牧民が支配する世界だった。十八世紀以降、ロシアと中国という東西巨大農耕帝国の台頭により状況が急変したのだろう。

十九世紀までに中露は新技術により北方の狩猟民や遊牧騎馬軍団を凌駕し、トルキスタンを東西に、満州を南北に分割した。それが現在の中央アジアと新疆ウイグル自治区、沿海州と東北三省である。この地域での中国とロシアの確執は今後も続くだろう。中央アジアが両国にとって相互に緩衝地帯であることを痛感した。

もう一つ、中央アジアを理解する上で重要な要素がイスラム教だ。中央アジアのテュルク系諸民族がイスラム化した時期は中東よりもはるかに遅かった。ソ連世俗主義の影響を受けたキルギス人にとって、イスラムは「信仰」ではなく、「文化」にすぎないという。だが、それが本当のムスリムなのだろうか。彼らはまだイスラムの本質を知らない。

この山岳の小国で今、トルコやクウェート・サウジアラビアなど湾岸アラブ諸国がイスラム教育の普及に努めている。特に、トルコは同じテュルク系ということもあり対キルギス経済支援に熱心だ。他方、南部フェルガナ盆地には、より伝統的なイスラムが残っており、シリアやイラクで戦う中央アジア出身の若者も少なくないという。

このキルギス南部をイスラム過激運動が支配したらどうなるか。想像したくもないことだが、もしキルギス出身の「イスラム国」戦士たちが帰国し、中東と同様、イスラム過激主義とキルギス民族主義を合体させたら、中央アジアに一体何が起こるだろうか。一人当たりGDPの低い国でそうした悪夢が現実となるのは時間の問題かもしれない。

中央アジアの地政学的脆弱性

筆者がこう心配する理由は只一つ。中央アジア地域が地政学的に極めて脆弱だからだ。これらの国々には、湖はあっても、海がない。周辺の中国、ロシア、インド、イランなど諸ランドパワーに挟まれたこの地は、馬が移動・戦争手段だった時代の終焉とともに、急速に弱体化していった。

近代以降、長距離移動・輸送手段の主流は陸上の動物から海上の船舶となった。中央アジアは、陸上の「交通路」として商業等サービス業で栄えることはあっても、海洋軍事大国にはなり得ない。残念ながら、この地域は大陸中央に位置しながらもユーラシアの「ハートランド」になり損ねた、一種の軍事的真空地帯なのである。

更に深刻なことは、中央アジア諸国が中東アラブ・イスラムで生まれたサラフィズム(23)やジハーディズム(24)と無縁であったことだ。ロシアに支配され、ソ連共産主義の洗礼を受けて世俗化されたイスラム教しか知らない中央アジアは一種の宗教的真空地帯ではないのか。中央アジア人は本家アラブのイスラム過激主義の圧力に抵抗できるのか。疑問は尽きない。

今このような軍事的、宗教的真空地帯の空白を埋めているのがロシアだ。例えば、カザフスタンでは小規模ながらロシア軍が国内のバイコヌール、サルイシャガン、エンバに駐留している。キルギスでは、米軍が二〇〇一年十二月から一四年七月まで国内のマナス空港基地に駐留したが、ロシア軍は二〇〇三年十月以降、カント基地に継続して駐留している。

タジキスタンではロシア軍が国内駐留する一方、9・11事件以降は米軍等の空域使用、軍事施設使用を許可している。ウズベキスタンでも同様の理由で国内空軍基地に米軍駐留を認めていたが、その後国内騒擾事件を契機に欧米各国との関係が悪化し、二〇〇五年十一月には米軍の撤退が完了する一方で、ロシアと同盟関係条約を締結している。

このように中央アジアは軍事面でロシアに大きく依存している。例外は「永世中立国」トルクメニスタンだけのようだ。逆にいえば、ロシアにとって中央アジアは中国との緩衝地帯として極めて重要ということだ。このような中央アジアをロシアが易々と手放すとは到底思えないが、この点については本章の最後で再び触れたい。

中国のイスラム教徒弾圧

中東がらみのテロが起きるたびに、新疆ウイグル自治区がイスラム地域であることを再認識する。二〇一五年一月七日、フランスのパリで風刺週刊誌『シャルリー・エブド』の本社事務所がイスラム過激派組織の支援を受けていたテロリストと思われる二人組に襲撃された事件も決して例外ではなかった。

事件直後中国各紙は、「テロとの戦いを断固として続ける」と主張する一方、「表現の自

(23)　Salafism: 自分たちがイスラムの聖典コーラン（正確にはアル・クルアーン）の唯一の正しい解釈者であると信じ、穏健なイスラム教徒が不信心者であると考える過激派スンニ派のイスラム過激派組織およびその思想のこと。
(24)　Jihadism: コーランにあるジハード（聖戦）を拡大解釈し、目的達成のためになら殺人を含む過激な行為も許されると信ずる過激派組織およびその思想のこと。

由には制限があってしかるべし」とも論じていた。さすがは中国、行動が素早い。パリの事件から三日後の一月十日には「新疆ウイグル自治区のウルムチ市内でイスラム女性の伝統的衣装である『ブルカ』の着用を禁止する法案が検討されている」と報じられた。

同法案は新疆ウイグル自治区のイスラム教徒を狙い撃ちする厳しい規制だ。フランスの二〇〇一年「ブルカ禁止法」は「人間の理性」が「宗教的権威」に勝利した結果を維持するためのものだったが、中国のそれは漢族によるイスラム教徒等少数民族弾圧を維持・強化するための「便乗措置」としか思えない。

更に、一月十八日には、中国公安部が広西チワン族自治区など南西部国境からの密出国容疑で二〇一四年五月以降、ウイグル族を中心に八百人以上を検挙したと発表した。そもそも中国には9・11同時多発テロ事件直後にも弾圧を強化した「前科」がある。「テロとの戦い」を逆手に取り、対米関係を再構築しつつ、ウイグル族テロ分子の徹底弾圧を始めたからだ。

もし中国が、欧州にも同様の規定があることを理由に「ブルカ禁止法」を正当化するのであれば、中国はまず、欧州と同様、「言論・表現の自由」を強力に擁護すべきだ。欧州型「世俗主義」に基づく言論・表現の自由擁護には見向きもせず、対テロ戦の国際連帯に便乗する姑息なやり方ではウイグル人とイスラム過激派の反発を買うだけだろう。

中国のウイグルは中央アジア

二〇一四年十二月、キルギスの首都ビシケクに行く前に中国新疆ウイグル自治区を久しぶりに訪れた。ルートは羽田から北京に入り、中国国内線に乗り換えてウルムチで一泊という変則日程だ。目的は新疆ウイグル自治区が今も中央アジア的性格を維持しているかどうかを再確認するためだ。

筆者がウルムチを訪れるのは約十年ぶりのこと。初めて訪れたのは、北京に赴任して二年目の二〇〇二年の春だった。当時在北京日本大使館の文化担当公使として国立「新疆博物館」での文化無償援助関係機材の引き渡し式に招かれた。当時博物館の館長さんは漢族の親切な人だったが、副館長以下の職員の多くはウイグル人だった。

式典の前に博物館の展示を見せてもらったが、なぜか、ウイグルの博物館なのにイスラム関係の文物はほとんどなかった。館長さんからは「改修中ですから」と説明を受けたが、漢と唐の時代に中国人が既にこの地にいたとか、清朝がこの地を統治していたとか、内容はどれも漢族中心の話ばかりで、内心大いに閉口したものだ。

当然ながら、博物館のウイグル人館員との会話は中国語だった。ウイグル人の中国語は思ったより上手だったが、発音は相当訛っていた。彼らにとって中国語は明らかに「外国語」なのだろう。筆者の拙い北京語でウイグル人たちと意思疎通を図ることは何ともいえない不思議な感覚だった。

当時筆者は式典で一計を案じた。冒頭の挨拶だけはウイグル語でやろうと考えたのだ。助けてくれたのはウイグル人館員だった。ウイグル語で「私は日本大使館の文化担当公使です。皆さんのウイグル文化は素晴らしいと思います」と挨拶した。喋りながら、ウイグル人たちの筆者を見る目がみるみる変わっていくのが分かった。やはり彼らも同じ「中央アジアのムスリムなのだ」と実感した。

式典後には町を歩いてみた。喧騒、匂い、色彩——間違いなくそこは中央アジアだった。地元のレストランに入ったが、もちろんメニューにアルコールと豚肉類は全くない。当時のウルムチはまだ漢族のプレゼンスが比較的小さく、市内中心部でも大きなアラビア文字のウイグル語に小さく漢字が添えられた広告や宣伝ボードが主流だった。

漢化が進むウルムチ中心部

あれからおよそ十年。今回驚いたのは、町の中心部では漢族の住人が大幅に増えていたことだ。市内中心部のほとんど全てのホテル、オフィスビル、商店街などの看板、サイン、広告は大きく漢字で書かれており、ウイグル語は事実上消えつつあるようにすら思えた。漢字とアラビア文字の大小がそのまま過去十年間の漢族の大量移住を象徴している。

新疆ウイグル自治区の「漢化」はもはや不可逆的現象だ。二〇〇二年に文化無償機材を供与した博物館を再訪したが、十年前の小さな建物は二〇〇五年に全面改修され、巨大な博物館に生まれ変わっていた。唯一昔と変わらないことは、この新疆ウイグル自治区の博物館に「ウイグル人の歴史と文化」を紹介するコーナーがほとんどないことだけだった。

二〇〇二年当時ウイグル関係の展示がない理由は「博物館の改修のため」と説明されたが、やはりあれは嘘だったのか。それでも、当時よく聞かされた「遅れた新疆ウイグル地域に共産党が文明をもたらした」とする実に尊大なプロパガンダはもうなかった。さすがに、あのキャッチフレーズはウイグル人に評判が悪かったのだろう。

宿泊したホテルの漢族スタッフから、いまやウルムチ中心部の人口は七〜八割が漢族となり、ウイグル人たちは徐々に同市南部の一角に追いやられている、という話を内々に聞いていたので、博物館訪問後早速タクシーで南部へ向かった。そこには昔懐かしいウイグル族の中央アジアがしっかりと残っていた。

市内南部にあるウイグル人地域は近代的なバザールと大きなモスクを中心に形成されており、十年前のウルムチ中心街を思い出した。一つ路地に入ると、そこでは過去数百年変わらないのではないかと思えるような中央アジア独特の雰囲気と匂いがあった。この地域はどう考えても漢族の中国ではない。

ウイグル人の本音

ウイグル人と接するなかで筆者が感じたことは、一般のウイグル人の不満が政治的なものというよりも、むしろ経済的格差や素朴な不公平感によるものだ、ということだ。近代都市であるウルムチ市内にウイグル系の伝統的ムスリムやジハーディストはいないだろう。ウイグル族の多くが一部の過激派ジハーディストを支持しているとも思えない。

ウイグル族の最大の不満は漢族との不平等感ではないかと考える。広大な領土と豊富な資源を持つ新疆ウイグル自治区で、漢族が石油・天然ガスを開発するのは我慢できる。しかし、開発するなら現地のウイグル社会にも利益を均霑してほしいというのが彼らの偽らざる本音であろう。

漢族による被差別意識は決して小さくない。ウイグル人の大半は真面目に暮らしている。それにも拘わらず、「イスラム国」の影響もあってか、ウイグル人は漢族に「テロリスト」呼ばわりされることが我慢できないのだろう。近くウイグル語による民族教育が打ち切られるとの噂もある。ウイグル地域の「漢化」が一層進むとすれば、ウイグル族の将来に漠然とした不安があって当然であろう。

要するに、元来一般のウイグル人は反中国でも反共産党でもなかった。北京がウイグル地域の「漢化」を進めれば進めるほど、ウイグル人の「反漢族感情」が助長されたのだ。内政干渉するつもりはないが、北京はもっと真摯に彼らの声に耳を傾けるべきだろう。イスラム文化を尊重し、漢族と平等に扱い、同等の権利を認めて初めて和解は始まる。

北京は今のような居丈高な政策を一日も早くやめ、自治区に進出してくる漢族とウイグル族との合弁・協力企業を増やしていくべきだが、現実はそうなっていない。それどころか、事態は逆の方向に向かっている。ウイグル族に対する共産党の取り締まりはイスラム過激派だけでなく、今や一般イスラム教徒の信仰活動にまで及び始めている。

ウイグルは中国のアキレス腱

中国は中東をよく見ている。二〇一五年一月の「イスラム国」の日本人人質拉致殺害事件を受け、中国はイスラムに対する取り締まりを一層強化したそうだ。他方、国家発展改革委員会の副主任（閣僚級）に新疆ウイグル自治区主席だったウイグル族を任命する人事が発表された。だが、これで新疆ウイグル自治区に対する北京の政策が変わるとは思えない。

諸外国の悲劇に乗じて国内のイスラム教徒弾圧を強化する今の中国のやり方では、ウイグル人との共存など不可能だ。弾圧をすればするほどその反作用としてウイグルの過激化が進む。反発する一部のウイグル人が過激化し、パキスタンやキルギスなどの中央アジアを抜けて「イスラム国」に合流し、実戦経験を積んでから中国に戻ってくる。

「イスラム国」帰り、シリア帰りの勢力が中国国内でなんらかの脅威になることは十分考えられる。中国の反テロ当局によれば二〇一二年以降、「東トルキスタン」独立組織のメンバーの一部がシリアに渡り、シリア反体制派内の過激派組織に参加してシリア軍と戦ったという。

彼らはテロ攻撃を行うための要員を中国に送り込んだとも言われ、実際にシリア内戦に参戦した二十三歳の男が逮捕されたとも報じられた。二〇一五年一月欧州で起きたことが、そう遠くない将来、新疆ウイグル自治区だけでなく、中国各地で発生する恐れがないとは言い切れないのだ。

中国のアキレス腱は、なにも台湾や朝鮮半島だけではない。今後の中央アジア情勢次第では、新疆ウイグル自治区も中国の安全保障にとって不可欠になる。中国政府指導部がイスラムをより正しく理解し、真の共存の道を見出さない限り、ウイグルは中国のアキレス腱であり続けることは間違いないだろう。

米露中「グレートゲーム」の主戦場

あまり注目されていないが、中央アジアは米露中「グレートゲーム」主戦場の一つだ。キルギスでは米軍の「マナス空港基地」進出の直後にロシアが「旧カントＣＩＳ空軍基地」を復活させ、ごく近距離で米空軍とロシア空軍が対峙していた時期もある。プーチン大統領は中央アジアを念頭に二〇〇〇年以降、「ユーラシア経済共同体」構想を推進してきた。

これに対し、中国は「上海協力機構（ＳＣＯ）」を通じ中央アジアでの経済権益拡大を目指すと共に、二〇一四年には中国を拠点に欧州から南太平洋までを網羅するシルクロード「一帯一路」経済圏構想を提唱し、新ユーラシアランドブリッジ、陸海通関拠点の建設を狙っている。また、港湾や高速鉄道などのインフラ整備のため、外貨準備金などから四百億ドルを拠出して「シルクロード基金」を設立、中国主導のアジアインフラ投資銀行（ＡＩＩＢ）には五十七カ国が参加を表明している。

事実、「中央アジアの優等生」カザフスタンを例にとれば、対中輸出額はここ数年で倍増しており、中国の企業進出が目立つ。南部の最大都市アルマトイでは、二〇〇九年にアルファラビ・カザフ国立大学内に中国政府系の文化機関「孔子学院」が設立された。カザフスタンは中国の「新シルクロード構想」にも全面的な支持を表明、ＡＩＩＢにも真っ先に参加を決めた。

一方で、カザフスタンはベラルーシ、アルメニアとともに二〇一五年一月に発足したロシア主導の「ユーラシア経済連合（ＥＥＵ）」にも参加している。こうした二面的外交を繰り広げながらも、中央アジア各国は中国に接近しているといえよう。その背景には原油安やロシアの不況が各国を直撃したことによる経済情勢の急速な悪化がある。カザフスタンのカリム・マシモフ首相は二〇一五年三月末、中国から二百三十億ドルの経済協力を取り付け、二月には両国を結ぶ貨物鉄道も運行を開始している。

中国「新シルクロード」構想は両刃の剣

このような中国の壮大な構想は実現するのか。中国は周辺諸国と経済的不足を補い合い、インフラ投資を拡大するとともに、中国からの対新興国経済援助を通じ、中国を中心とした世界経済圏を確立するというが、そのような計画を中央アジアやロシアは如何に受け止めるだろうか。

既に述べたとおり、中央アジアはロシアにとって重要な対中緩衝地帯だ。中国のロシアに対する経済的優位は不可逆的となりつつあり、ロシアに中国の対中央アジア経済進出を阻止する力はないだろう。しかし、ロシアは「一帯一路」経済圏・「新シルクロード」構想が中国の中央アジアでの政治的影響力拡大につながることを警戒しているはずだ。

その点は中央アジア諸国も同様だろう。既に一部の国では国内のイスラム勢力と世俗主義的中央政府との対立が表面化しつつある。ここに中国が経済面から参入し、大量の中国人労働者や商人が移住するなどして、複雑な内政を一層混乱させることを中央アジアは望んでいない。

更に、対中央アジア進出は中国にとっても「両刃の剣」となりかねない。新疆ウイグル自治区から中央アジアへのルートを拡大すれば、東西トルキスタンの人的交流も加速される。西トルキスタン（中央アジア）で過激なイスラム主義と不健全な民族主義が融合すれば、その影響は直ちに東にも及ぶだろう。

逆に、こうした状況はウイグルの民族主義者にとっても絶好のチャンスとなるかもしれない。如何に漢族化が進んでも、新疆ウイグル自治区はイスラム圏であり、文化的には中央アジアに直結している。「一帯一路」政策の運用を一つ間違えれば、中央アジアの社会変革運動がウイグルに波及する、またはその逆の現象を助長しかねないのだ。

四方を海に囲まれた日本人には想像もつかない状況だが、これが中央アジア地域の実態である。中国に平和的台頭を促すには、彼らに非平和的台頭のコストの高さを理解させる必要があるが、中国のアキレス腱は台湾や朝鮮半島だけではない。中央アジアで中国が払うべき代償を最大化することも対中外交の重要な要素であることを忘れてはならない。

日本にとっても中央アジアの戦略的価値は高い。東西トルキスタン情勢の安定は中国の安全保障にとって不可欠となるからだ。日本が中央アジアの安定に寄与し、同地域で政治的発言力を高めることは、結果的に北東アジアの安定に寄与することになる。日本の対中外交は東京・北京の往復だけではないのだ。

終章　日本の敵

最後に日本という国家の生き残りを考える。本書の仮説である「新民族主義」時代の到来が不可避であれば、日本が取るべき戦略は一つしかない。それは、第一次世界大戦後と同じく、民族主義同士の醜い争いから一定の距離を置き、新たなパラダイムシフトに際し「勝ち組に残る」ことだ。

それでは「勝ち組に残る」、「勝ち馬に乗る」ため日本は何をすべきか。その際のキーワードが「現状維持」と「普遍的価値」だ。終章では、日本を取り巻く国際環境を改めて概観し、中国が「普遍的価値を共有しない現状変更勢力」であることを明らかにする。

ただ、日本の生き残りにとって最大の障害は中国や統一後の朝鮮ではない。日本の最大の敵は「自分自身」である。新民族主義時代における日本民族のサバイバルのためには、日本自身が普遍的価値を掲げ、自らの民族主義的衝動を適切に制御する必要がある。

激変する世界

まずは本書に書いた現下の国際情勢に関する筆者の見立てを改めて記しておく。

現在は十八世紀末の産業革命以来、四回目のパワーシフト（グレートゲーム）が起きている時期だ。パワーシフトの第一は十八世紀末のパクス・ブリタニカの確立であり、第二は十九世紀末からの米露日独など新興国の挑戦とパクス・ブリタニカの衰退、第三は二十世紀中頃のパクス・アメリカーナの確立と米露対立（冷戦）であった。

　その冷戦に勝利した米国が一九九〇年代に「一極支配」を打ち立てたが、それも長くは続かず、現在は第四の巨大なパワーシフトが起きつつある。この時期の特徴は新興国、特に人口の巨大な中印などがパクス・アメリカーナに挑戦し始める一方、人口減の著しい欧州、ロシア、日本などが衰退していく可能性が高いことだ。

　この変動期がどの程度続くかは、米国、中国の国力がどの程度持続するかに依存する。これについては、米国はピークを過ぎ衰退期に入ったとする見方と、今後も米国のグローバルな覇権は続くとする見方がある。第六章で述べたとおり、米国の「一人勝ち」時代は終わったが、米国衰退論そのものに筆者は懐疑的だ。

　一般に覇権パワーが持続するためには、①国土、②人口、③資源、④自由、⑤市場、⑥安定などが必要だ。その点米国は他の大国と比べ圧倒的な優位に立っている。これに対し、人口が減少しつつあるロシアは勿論のこと、中国やインドですら、国内に様々な問題を抱えており、その国力の持続性に疑問なしとしない。

世界各地で見られる変動

東アジアでは中国の台頭というパワーシフトが起きている。中国はアヘン戦争以来のトラウマを克服し、伝統的中華勢力圏から西洋勢力を駆逐し、十三億人の生活を向上させ、人口高齢化に対応し、もって共産党の統治の正統性を維持するため、軍事的なものも含め自己主張を強めるだろう。

中東・中央アジアでは政治的イスラムの過激化が今も続いているが、多くのイスラム諸国では議会制民主主義やアラブ社会主義による統治に失敗している。政治的イスラムに代わる正統性のある統治機構を作り出すことに失敗する限り、この地域でのイスラム過激主義の脅威は続くだろう。

米国ではシェール革命によりエネルギーコストが大幅に低下しつつあり、米国経済の復活が始まりつつある。このエネルギー採掘技術の革命は世界のエネルギー市場を激変させつつあり、従来のエネルギー生産国、特にロシアやイラン、サウジアラビア等の中東湾岸諸国の経常収支を悪化させるだろう。

人口が減少しつつあるロシアおよび欧州の相対的国力・影響力の低下は否めない。特に、ロシアは天然ガス価格の下落と欧州への輸出減少により、新たな対応に迫られるだろう。

但し、ロシアの潜在的な戦略的脅威は欧州からのものであり、近い将来ロシアが中国を戦略的脅威とみなす可能性は低いと思われる。

劣等意識と不健全なナショナリズムに苛まれる中国

現在中国大陸の陸上国境は比較的安定しており、北朝鮮の突然の崩壊などの突発事件でも起きない限り、当面中国に対する陸上からの脅威は存在しない。中国の潜在的脅威は、自国の富が存在し、エネルギー・資源の輸入だけでなく、自国製品の輸出を依存する太平洋沿岸からやって来る。

中国の生命線たるシーレーンに対する最大の潜在的脅威は日米同盟だ。だからこそ、現在中国は西太平洋における影響力の拡大を目指している。具体的には、まず第一列島線、いずれは第二列島線より西側の海域及びその上空における中国の政治的、経済的、軍事的優位を確保することだ。

現在の中国は、不健全なナショナリズムと西洋に対する強烈な劣等意識を持ち、政府とは独立した軍部を十分コントロールできない文民政府が、国民の民族主義的精神の高揚を背景に、東アジアにおける現状を変更しようとしている。誤解を恐れずに申し上げよう。

今の中国は一九三〇年代の日本と同じような戦略的な過ちを犯しつつある。

日本にチャンス到来

中国がこのような戦略的過ちを続ける限り、日本には必ずチャンスが来る。次期パラダイムシフトが始まる時、日本人には「生き残り」のための千載一遇の好機が到来するだろう。我々は、子孫のためにも、この百年に一度の好機を逃してはならない。

日本が第二次世界大戦に至る過去の歴史を痛切に反省し、平和国家として再出発する決心をして、既に七十年の歳月が流れた。その間日本は一貫して自由、民主主義、人権、法の支配、人道主義に基づき世界および地域の平和と安定に貢献すべく努めてきた。そのことは世界が認めるところだ。

今後日本は、東アジアにおける現状維持勢力として、米国等普遍的価値を共有する諸国と連携しながら、この地域の平和と安定のために適切な措置を採る必要がある。そのために日本は、日米の敵対勢力となり得る中国（人）という国家・人間集団の中長期的趨勢を正確に分析・評価すべきことは当然だろう。

ネットアセスメント手法を活用せよ

国家戦略を策定するには中長期的将来を見通す洞察力が必要だが、そのような能力は一朝一夕では決して生まれない。日本が中国との政治・軍事・経済的な対立・競争の本質と中長期的趨勢を正確に分析・評価するためには、やはり、ネットアセスメント的な手法が必要である。

対中ネットアセスメントの目的は、中国との政治・軍事・経済的対立・競争の本質とその中長期的趨勢を、中国よりも早く見抜き、中国側の長所と短所に対応するための準備期間を極大化することだ。

当然ながら、このような総合戦略評価は一回限りの報告書提出に止まらない。こうした知的作業は、常に更新を必要とする継続的で、恐らくは半永久的な複合的知的分析・評価となるだろう。

対象領域は軍事バランスが中心となろうが、それに限られない。戦略方針、軍隊編成、軍事態勢、同盟国、兵站能力のみならず、中国の総合力に影響を与える政治・経済、文化・社会、人口・宗教など森羅万象が含まれ得る。

特に重要なことは、「正しい回答」よりも「正しい質問」を生み出す能力だ。当然、リクルートすべき人材は軍事専門家だけでなく、政治経済、歴史文化等他分野の専門家とジェネラリストからなる異業種連合集団でなければならない。

対中ネットアセスメントの目的は中国と「戦う」ことではない。その究極的目的は、武力ではなく知力によって、中国側に耐え難いコストと負担を強いることにより、中国の政策変更を慫慂することである。

中国に関する「正しい質問」とは、①中国政府・中国共産党の長期的目標は何か、②中国経済は人民解放軍の軍拡を支えることができるのか、の二点に集約される。いずれにせよ、日本に残された時間は決して多くない。

伝統保守は進化すべし

ネットアセスメントは「生き残り」の始まりに過ぎない。東アジアでの中国の台頭は巨大かつ長期的な趨勢だ。仮に共産党政権が崩壊しても、この傾向は続くだろう。東アジアの新たな安全保障環境の中で日本が生き残り、「ポスト・ポスト冷戦」期の新民族主義時代に起きる新たなパラダイム創造に主要国の一員として参画するにはどうすればよいのだろうか。

日本が国家としてこの困難な時代を生き抜くために必要なことが三つある。第一は、自由、民主、人権、人道、法の支配といった普遍的価値を体現する国であり続けることだ。普遍的価値という大義名分がある限り、「勝ち組」に残る可能性がある。なぜなら、新民族主義の復活帝国である中国やロシアに普遍的価値は存在しないからだ。

第二に重要なことは、これらの醜い民族主義に裏打ちされた旧帝国の「力による現状変更の試み」を拒否・抑止する力を持つことである。その意味でも、新たな安全保障法制に基づく抑止力の向上、日米を筆頭とする各種同盟・安全保障協力関係の拡充は現在の日本にとって待ったなしの重要な政策変更である。

そして最後に、最も重要なのが、日本の誇りある伝統を普遍的価値の論理で説明する能力を獲得すること、すなわち「保守の進化」である。日本が国際社会において守りたい伝統や価値があれば、それらを自由、民主、人権、人道、法の支配といった普遍的価値のロジックで説明していくことだ。日本が世界各国と競争しているのは国際政治であり、過去の歴史の事実関係の判断ではない。

そのことを正確に理解しない限り、国際政治で日本の影響力を高めることは難しい。イルカ、捕鯨、慰安婦……ナショナリズムは時に普遍的価値と対立するが、これを日本人にしか理解できないロジックで何度説明を試みても、結果は生まれない。引き分けに持ち込むことは可能かもしれないが、決して勝利はない。これが国際政治の現実である。

過去の事実の是非を過去の価値基準で議論・判断したければ、国際政治ではなく、大学の近代史の授業を履修してほしい。詳細な議論をしたければ、教室の中でとことんやれば良いではないか。日本の政治指導者が今真剣に考えるべきことは、普遍的価値に基づき、過去の事実を受け止めた上で、これを対外的に説明する能力を高めることだ。

それでは、日本の伝統的価値を普遍的価値の論理で説明するにはどうすべきか。それに必要なのが日本の「保守の進化」である。「伝統」を守るためには、時に「変化」が必要だ。普遍的価値で説明できる「伝統」は生き延び、説明できない「伝統」は滅びていく。このような変化が「伝統」を守ってきたことを忘れてはならない。

日本の最大の敵は自分自身

「保守」を「進化」させれば、日本は必ず生き延びる。伝統的文化・価値と普遍性・合理性・国際性との融合こそが東アジアにおける日本の存在価値ではないか。この普遍的価値という大義名分を獲得して初めて、日本は次のパラダイムシフトを生き残り、「勝ち組」

の一員として、新たなルール作りに参画できるのだ。

これに対する最大の障害は、もしかしたら、こうした「進化」に抵抗する日本自身のガラパゴス型「保守主義」なのかもしれない。その意味でも、日本の若い保守主義者の役割は重要だ。今後の保守陣営内の世代交代が日本の保守主義の新たな進化に繋がることが望まれる。

そうなれば、日本は中国に対し、近代日本をモデルに、東西文化を調和させ、醜い民族主義に基づく巨大な帝国を止め、力による現状変更を控え、国際社会に貢献するよう求めることも可能となるだろう。これこそが明治維新以来日本が目指してきた国家像ではないか。今からでも遅くはない。日本はこの道を一貫して追求していくべきである。

安倍首相はコンセンサス・ビルダー

しかしながら、「保守」が「進化」するだけでは、日本が東アジアにおける中国の台頭というパワーシフトを生き延びることはできない。主要国の一員として日本が生き残るためには近隣国・関係国との最終的な和解も必要だからである。そうした動きは既に始まっている。その典型例が安倍晋三首相の米議会での演説や戦後七十年談話である、というのが筆者の見立てだ。

二〇一五年八月の安倍首相戦後七十年談話には今も賛否両論がある。「誠意が感じられない」「直接の言及ではない」など、日本国内は勿論、中韓を含む一部外国からも様々な意見が出ている。だが、これらの声が見落としていることがある。それは安倍首相が戦後初めて歴史問題に関する日本国内のコンセンサス作りに貢献したことだ。

日本では一九九五年の村山談話が重視されている。筆者もそのこと自体は否定しない。安倍首相も歴代の総理大臣による談話を引き継いでいくと明言している。問題は村山談話が日本人の歴史問題に関するコンセンサスとなっているかどうかだ。談話の内容もさることながら、重要なのはその形式や手法である。

近代史を読み返していたら、興味深い法則を発見した。それは「国家の歴史的決断は往々にして強硬保守政治家によって下され、それがその国のコンセンサスとなっていく」という経験則だ。その典型例がイスラエル首相だったメナヘム・ベギンやリチャード・ニクソン元米大統領である。

ベギン首相は独立戦争で対アラブ最強硬派軍事組織イルグンを率いた当時のイスラエル政界での保守最強硬派だった。そのベギンが、一九七八年、ジミー・カーター大統領の仲介により、キャンプデービッド山荘で宿敵エジプトのアンワル・サダト大統領と握手を交わす。単なる強硬ナショナリストと思われていたベギンは同年サダトとともにノーベル平和賞を受賞する。

同様のことは、実は米国でも起きていた。冷戦時代、ニクソン大統領は反共産主義運動の最右翼と誰もが認めていた。その保守強硬派ニクソンが一九七二年、こともあろうに北京を訪問し、天敵のはずの毛沢東、周恩来と握手を交わした。このニクソンショックには日本中が仰天したが、動揺は当然米国内にも拡大した。

ニクソンやベギンだから出来たこと

しかし、よく考えてほしい。もし、ニクソンではなく、民主党リベラルのジョージ・マクガバン大統領が北京を訪問し、共産中国との国交正常化を果たしたとしたら、現在の米中関係は存在し得ただろうか。答えは否、マクガバン訪中には共和党の反共保守強硬派が徹底的に反対し、米中関係正常化のコンセンサスは決して生まれなかっただろう。

要するに、ベギンにせよ、ニクソンにせよ、彼らのような保守強硬派が歴史的決断を下したからこそ、国論の分裂が止まり、最小限ながらも、エジプト、ヨルダン、パレスチナ、中国との関係改善が実現したのだ。これが中道リベラル指導者の英断であったなら、恐らくコンセンサスは出来上がらなかっただろう。

日本の歴史問題も基本的には同じだ。一九四五年以来、日本ではこの問題で国論が割れ、最小限度のコンセンサスすら成立しなかった。一九九五年の村山談話は英断には違いないが、それによりコンセンサスが生まれるどころか、逆に国論の分裂は更に拡大した。筆者が保守強硬派政治家でなければ重要な歴史的決断は下せないと考える理由はこれである。

残念ながら、現状では日本が中国・韓国と和解することは難しいだろう。これまでは日本の国論が割れ、最低限のコンセンサスすらなかったため、中韓は日本の謝罪を受け入れようとしなかったからだ。しかし、今回の米議会での安倍演説や戦後七十年談話により、ようやくそのような最小限のコンセンサスが生まれ始めた可能性がある。

戦後七十年談話については右も左も不満かもしれないが、そこには最小限のコンセンサスがある。これが出来て初めて、日本は中国はともかく、韓国との和解を果たすことができるだろう。巨大なパワーシフトが続く東アジアで中国を抑止しながら、韓国との和解の道を探ることこそ、時代が日本に与えた歴史的使命ではないだろうか。

自衛隊員のリスク

本書が出版される頃には新たな「安全保障法制」をめぐる国会審議が一定の結論を出しているだろう。審議する場の正式名称は何と「我が国及び国際社会の平和安全法制に関する特別委員会」。ふと、一九九〇年に廃案となった「国連平和協力法案」を思い出した。当時は誰もが反対しにくい「国連、平和、協力」を並べたが、通らない法案は通らなかった。

それはともかく、今回は久し振りで国会中継を食い入るように見た。安保関連の本格的審議は一九九八・九九年の周辺事態法以来十六年ぶり。当時筆者は法案審議の実務を担当した三代の外務省北米局日米安全保障条約課長の殿《しんがり》だった。当然今回の国会審議には人一倍関心が高い。

自衛隊が活動する範囲、集団的自衛権発動の要件等々、論点は少なくない。しかも、政府は他国領域での武力行使の可能性として「ホルムズ海峡での機雷除去」を例示している。それにしても野党議員は「大臣の失言」狙いの「揚げ足取り」の質問ばかり。一九六〇年の安保国会以来の古い手などそろそろ止めたらどうかと思う。

特に筆者が違和感を覚えたのは「自衛隊員に対するリスクの増大」に関する議論だった。

外務省では中東地域が専門だったので、自分自身、戦争の最中やイスラム過激派の攻撃の最中に何度もリスクを取った経験がある。そのような特殊な人間にとっては以下のような与野党間の議論がどうしても茶番に見えてくるのだ。例えばこんな具合である。

（野党側）他国軍を後方支援する際に活動範囲が拡大すれば自衛官のリスクが高まる。新法では後方支援を行う自衛隊が標的となる危険性が高まる。

（政府側）部隊が戦闘地域、戦闘現場に近づくことは誰も考えていない。自衛隊が活動する期間に戦闘行為が発生しないと見込まれる場所を実施区域に選ぶ。危険な状況になる前にあらかじめ柔軟に違う地域に移すことができる（ので、リスクは高まらない）。

（政府側）（リスク増大の）可能性が一〇〇％ないと言ったことはない。部隊の責任者が判断して一時休止、退避するという判断を行う。自衛官が武器を使って反撃しながら支援を継続するようなことはない。

自衛官に失礼な国会議論

要するに、自衛隊のリスクが飛躍的に高まる、隊員に犠牲が出かねない危険な法案だとの批判に対し、補給・輸送などの支援活動は危険を回避し、活動の安全を確保した上で実施するので問題ないと反論する「堂々巡り」の議論だ。恐らく質問者も答弁者も実際に「リスクを取った経験」がないので、このような机上の空論を弄ぶしかないのだろう。

筆者の発想はこれとは違う。筆者の理解では、自衛官はリスクを取り、場合によっては命を賭けてでも国民の生命と財産を守ることを使命とするプロフェッショナルの集団だ。そのような特別な公務員について「危険が増大し、場合によっては犠牲が出るから、安保法制は間違いだ」などといった議論をすること自体、危機管理のプロに対し非礼だと思う。

ここでは最後に、筆者が十一年前に実際に戦争直後のイラクで体験した「リスク取り」の実態をご紹介しよう。以下の話は元々墓場まで持っていくつもりだった。現在も関係者はご存命だろうし、個人攻撃をする意図など毛頭ないからだ。しかし、「リスク増大で危険な法案」などと聞けば、どうしても黙ってはいられない。どうかご容赦願いたい。

死の三角地帯への出張

二〇〇四年五月二十七日、当時筆者はバグダッドのいわゆる「グリーンゾーン」内にあった事実上のイラク占領機関である連合国暫定当局（ＣＰＡ）に日本政府代表として出向していた。その夜遅く東京から電話があり、「バグダッド南方で二人の日本人ジャーナリストが行方不明になった。現地に捜索隊を出してもらうようCPAと米軍に要請せよ」という指示だった。

外は既に真っ暗闇だったが、グリーンゾーン内にいる日本人は筆者一人だけだ。早速米側関係者と掛け合ったが、答えはノー、「米軍ですら夜間の捜索は危険だ。明朝また連絡してほしい」と言われた。当然だろう、米軍はイラクの安全に責任を負っているからこそ、無謀なリスクは取らなかったのだ。

翌朝今度はCPAから連絡があった。午後から捜索隊を出すので、日本側も同行してほしいという。行先はマフムーディーヤ、ファルージャとバグダッドを結ぶ「死の三角地帯」と呼ばれた地域の一角だ。今もそうだが、現地は当時からイラクで最も危険な地域の一つ。そこへCPAが日本のために捜索隊を出してくれるという。

これに同行しない手はないが、それに伴うリスクは何だろう。これが筆者の咄嗟の判断だった。CPA側も日程の詳細は未定だという。どうやらイラク警察が護衛してくれるらしい。結局、日本大使館が筆者に相棒と防弾車を出してくれることになった。集合は確か午後一時、グリーンゾーン内の駐車場だったと記憶する。

ようやく全てが整った頃、再び東京から電話があった。「これから出発します」と報告したら、相手は「宮家君、本当に安全なんだろうね」と念を押すように聞いてきた。これにはさすがの筆者も切れそうになった。「安全な訳ないでしょう?」元々はリスクを取って捜索に行けと言い出したのは東京じゃないか。

米軍ですら夜間は死の三角地帯に近づかない。百戦錬磨の米軍ですらそのようなリスクは取れない、いや取らないのだ。日が昇り、関連治安情報を集約し、イラク警察側とも連携して、CPAはようやく捜索の使命、能力、準備が潜在的リスクを上回ったと判断したのだろう。これが「リスクを取る」ことの本当の意味なのだ。

だが、真のリスク・テイキングはそれから始まった。CPA捜索隊の隊長・副隊長格はいずれもFBIの対テロ専門家だ。彼らが前席に座る車両は普通の市販用セダンで防弾仕様はない。二人の間には二丁の自動小銃、三丁のピストルと無数の実弾が置かれていた。「普通の車の方が小回りが利いて反撃し易い」のだそうだ。

こうして捜索隊はグリーンゾーンの外に出た。ここからは何が起きても不思議でない地域だ。結局やって来たのは数台の市販用ピックアップトラックに分乗したイラク武装警察官数十名だけだった。筆者と相棒は用意した大使館の防弾車に乗り移る。マフムーディーヤまでは一時間。筆者はこの編成・能力なら「リスクを取れる」と最終的に考えた。

リスク取りは綺麗ごとではない

現地マフムーディーヤでは襲撃現場や現地警察署を含む数カ所を見て回ったが、結局二人の日本人は見つからなかった。捜索隊がお二人を探し当てたのはバグダッドに戻ってからだ。今もあの時の悔しさは脳裏から消えない。同時に、邦人の生命と財産を守るためにリスクを取ることの重さを思い知った。

だからこそ筆者は昨今の国会質疑での机上の空論に近い「リスク増大」の観念論に大きな違和感を覚えたのだ。誤解を恐れずに申し上げる。自衛隊は「リスクを取ってなんぼ」の集団だ。そのために人材を集め、厳しい訓練を施し、十分な装備と必要な情報を準備した上で、周到かつ臨機応変に作戦を実行する。

勿論、彼らの生命を最も心配するのは彼ら自身である。彼らが犠牲になっては仕事にならないからだ。だからこそ、国民は彼らに正しい使命と最大限の名誉を与えるべきなのだ。

筆者だけが「リスクを取る」ことを体験したなどとは言うつもりは毛頭ない。他方、国会での自衛隊員に対するリスクの議論の陳腐さにはどうしても違和感が残る。

報道によれば、国会質疑の中で安倍首相は、「リスクは残るが、リスクを認識しているからこそ専門知識を養い、厳しい訓練を行っている」と答弁したそうだ。それなら筆者にも理解できる。仮にリスクが増えても、智恵を出せばそれを上回る対応が可能なはずだ。それこそが危機管理の要諦であり、プロフェッショナリズムではなかろうか。

リスクを取れる国へ

振り返ってみれば、日本は、政府も国民も、過去七十年間、「リスクを取ること」そのものを頑なに避けてきた。リスクを避け、戦わず、死者を出さないこと、これこそが真の平和だと思っていたのだ。しかし、それは錯覚だった。このような「空想的平和主義」が通用した古き良き時代はもう終わったのだ。

如何に危機を回避しようと努力しても、悪意ある相手がいれば、最悪の場合、危機を回避できない可能性がある。そのような事態が生じれば、リスク取りは最早避けられない。戦争とは人類史上最も非情な人間活動であり、そこでは嫌でも戦わざるを得ない時、嫌でも犠牲の出る時が生じ得るのだ。

そのような状況の下でも、国民の生命と財産を守り、国家の平和と安全を守るには、最大多数の最大幸福のために、誰かがリスクを取らなければならない。日本でその役割を果たすのがプロの戦闘集団である自衛隊の隊員たちだ。彼らは命を賭してでも国民・国家を守るために働くプロフェッショナルである。

そのような彼らに必要なことが二つある。第一は正しい任務だ。外国からの不正の侵害に対抗し国民のために戦う彼らの任務が崇高であるためには、その任務が大義ある真っ当なものでなければならない。だからこそ、新たな自衛隊の任務を定める新安保法制が必要なのだ。

第二は最大限の名誉である。抑止が破れ、万一戦争が不可避となる時、防衛が破れ、犠牲が出る可能性はもはや机上の空論ではなくなる。その時、自衛隊員に必要なことは国家・国民が彼らの任務遂行に対し最大限の敬意を払い、それに相応しい名誉を授けることだ。

それらがあれば、彼らはリスクを取れる。正しい任務と最大限の名誉は残された家族のためのものでもあるからだ。日本人は過去七十年間、敢えてリスクを取らないできた。今こそ日本は国民の平和と安全のために正しいリスクを取れる国になるべきである。

あとがき

本年五月下旬、東京でアンディ・マーシャルの弟子の一人だった米国の旧友アンディ・クレピネビッチと再会した。彼から書き終えたばかりのマーシャルの伝記『The Last Warrior』を贈られた。これが筆者に本書を書くきっかけを与えてくれた。それから四十日、筆の遅い筆者が無我夢中で書き上げたのが本書である。

たまたま二〇一五年は筆者が外務省を辞めて満十年という個人的には記念すべき年だ。振り返ってみれば、公務員から中小企業の経営者への転身は予想以上に厳しかった。それは外務省時代の二十七年間、筆者がマネーではなく、国際政治、すなわちパワーを見てきたからだろう。

その後十年間はマネーとパワーの違いを常に意識していた。マネーは見える、数えられる、貯めておける。マネーは見えても、摑むのは意外に難しい。しかし、パワーはもっとややこしい。

パワーは見えない、数えられない。貯めておけないし、突然生まれ、突然消えるからだ。

しかし、国際政治も国内政治もパワー、つまり権力が基本である。その意味で筆者はこの十年間、国際政治、外交安全保障のパワーを如何に捉えるかを考えてきた。

過去十年間でもう一つ見えてきたのが地政学的手法だ。経済人は世の中で分からないことがあるとやたら「地政学リスク」という言葉を使う。だが彼らの多くはその具体的内容を説明できない。判らないからこそ「地政学リスク」なる話に逃げるのだ。

一般に、エコノミストはパワーを軽視し、経済的合理性を優先する。一方、地政学ではパワーを重視し、経済的合理性を優先しない。経済的合理性は金儲けに必要でも、戦略論には必ずしも役立たない。むしろ必要なのは戦略のパラドックスである。

平和のためには戦争に備えなければいけない。良い道は悪く（敵を攻める際、良い道には必ず敵が待ち伏せし）、悪い道は良い（通過が難しい険しい山道に敵はいない）。軍隊は勝てば勝つほど脆弱になる、といった具合だ。

ナポレオン軍はロシア遠征で成功すればするほど武器、弾薬が尽き弱体化していった。国家安全保障の基本は地政学と戦略論であり、そうした政策立案の前提となるのがネットアセスメントであることにクレピネビッチの本を読んでようやく気付いた。

東アジアでの新民族主義のうねりは予想以上に荒そうだ。これから日本がこの大波を生き延びていくためには、日本外交の影響力、日本の発言力を一層高めていく必要がある。そのためにも今後は、日米同盟という既存の同盟関係を超えた、新たな多国間同盟・安保協力が必要になるかもしれない。

人口減少によって財政的手当に限界がある今こそ、豪州、フィリピン、インド、韓国などとの同盟・準同盟関係の構築を真剣に検討すべきだ。また、その具体的内容を詰めるためには、ネットアセスメントによる中国との競争の長期的趨勢の継続的評価が重要になってくる。本書を書き終えてそのことを確信した。

本書は「新民族主義」と「ネットアセスメント」をキーワードに新たな発想で書き上げたものだ。構想を練る過程では、これまで発表した論文や小論の一部を適宜加筆修正の上で取り込み、全体として今後十〜三十年の東アジアでの日本国家の生き残りの可能性を論じる一冊に纏めたつもりだ。稚拙な表現や陳腐な発想があれば、責任は全て筆者にある。

最後に、前作と同様、過去三十余年間、筆者を見捨てず、諦めずに付き合ってくれてきた妻、執筆目標期日に向け筆者に忍耐強くアドバイスを続けてくれた文藝春秋「文春新書」編集部の島津久典さんと池延朋子さん、および、本書のゲラの段階から有益なコメントやアドバイスを下さった米ヘンリー・L・スティムソン・センター主任研究員の辰巳由紀さんをはじめとする内外の友人たち、最後に、本書執筆の知的刺激を与えてくれた尊敬する友人アンディ・クレピネビッチに心から御礼を申し上げる。

二〇一五年九月十一日　米国同時多発テロの犠牲者を改めて追悼しつつ

宮家　邦彦

宮家邦彦（みやけ　くにひこ）

1953年神奈川県生まれ。外交政策研究所代表。78年東京大学法学部を卒業後、外務省に入省。82年7月在イラク大使館二等書記官、86年5月外務大臣秘書官、91年10月在米国大使館一等書記官、98年1月中近東第一課長、同年8月日米安全保障条約課長、2000年9月在中国大使館公使、04年1月在イラク大使館公使、イラクCPA（連合国暫定当局）に出向、同年7月中東アフリカ局参事官などを歴任。05年8月外務省を退職し、外交政策研究所代表に就任。06年4月より立命館大学客員教授、09年4月よりキヤノングローバル戦略研究所研究主幹。06年10月〜07年9月、総理公邸連絡調整官。著書に『語られざる中国の結末』『哀しき半島国家　韓国の結末』（いずれもPHP新書）がある。

文春新書

1033

日本《にっぽん》の敵《てき》　よみがえる民族主義《みんぞくしゅぎ》に備《そな》えよ

2015年（平成27年）9月20日　第1刷発行

著　者　宮 家 邦 彦
発行者　飯 窪 成 幸
発行所　株式会社　文 藝 春 秋

〒102-8008　東京都千代田区紀尾井町3-23
電話（03）3265-1211（代表）

印刷所　理 想 社
付物印刷　大 日 本 印 刷
製本所　大 口 製 本

定価はカバーに表示してあります。
万一、落丁・乱丁の場合は小社製作部宛お送り下さい。
送料小社負担でお取替え致します。

ISBN978-4-16-661033-4

文春新書好評既刊

日米中アジア開戦

陳破空《チエンポーコン》　山田智美訳

もし日米中が戦争したら？　アメリカに亡命中の中国民主化運動家が、尖閣諸島、防空識別圏など最新情勢を踏まえて緊急提言する

976

第一次世界大戦はなぜ始まったのか

別宮暖朗

一九一四年の開戦から百年。「本当は誰もやりたくなかった」戦争は、なぜ行われることになったのか。ドイツの動きを軸に掘り下げる

979

日本破滅論

藤井聡・中野剛志

グローバリズム、マスメディア、反・公共事業、アカデミズム、地方分権……。日本の没落をもたらした様々な「罠」を撫で斬りにする

871

「ドイツ帝国」が世界を破滅させる
日本人への警告

エマニュエル・トッド　堀茂樹訳

ウクライナ問題の原因はロシアではない。冷戦終結とEU統合によるドイツ帝国の東方拡大だ。ドイツ帝国がアメリカ帝国と激突する

1024

大人のための昭和史入門

半藤一利・船橋洋一・出口治明・水野和夫
佐藤優・保阪正康　他

覇権国の衰退、資本主義の暴走、中国との対決——昭和日本が直面した危機は再び繰り返されるのか？　豪華19人が論じつくす

1038

文藝春秋刊